牛津六讲 人类学与古典学

〔英〕R.R.马雷特 编
何源远 译

Anthropology and
the Classics: Six Lectures

R.R. Marett

图书在版编目(CIP)数据

牛津六讲:人类学与古典学/(英)马雷特(Marett,R.R.)编;何源远译.—北京:北京大学出版社,2013.6
(沙发图书馆·星经典)
ISBN 978-7-301-22589-9

Ⅰ.①牛… Ⅱ.①马… ②何… Ⅲ.①文化人类学－研究 Ⅳ.①C912.4

中国版本图书馆 CIP 数据核字(2013)第 116932 号

书　　　名:	牛津六讲——人类学与古典学
著作责任者:	〔英〕马雷特(Marett,R.R.)　编　何源远　译
策 划 编 辑:	王立刚
责 任 编 辑:	王　莹
标 准 书 号:	ISBN 978-7-301-22589-9/C·0911
出 版 发 行:	北京大学出版社
地　　　址:	北京市海淀区成府路 205 号　100871
网　　　址:	http://www.pup.cn
新 浪 微 博:	@北京大学出版社
电 子 信 箱:	pkuwsz@163.com
电　　　话:	邮购部 62752015　发行部 62750672　编辑部 62755217
	出版部 62754962
印 刷 者:	北京汇林印务有限公司
经 销 者:	新华书店
	965 毫米×1300 毫米　16 开本　9 印张　119 千字
	2013 年 6 月第 1 版　2013 年 6 月第 1 次印刷
定　　　价:	22.00 元

未经许可,不得以任何方式复制或抄袭本书之部分或全部内容。
版权所有,侵权必究
举报电话:010-62752024　电子信箱:fd@pup.pku.edu.cn

目 录

总序 ………………………………………………… 王铭铭(1)
译者前言 …………………………………………………… (5)
前言 ……………………………………………… R.R. 马雷特(9)

第一讲　图形符号在欧洲的传播及其与文字起源的
　　　　关系　/A.J. 伊文思 …………………………………… (1)

第二讲　荷马与人类学　/A. 朗格 …………………………… (30)

第三讲　荷马以外希腊史诗传统中的人类学　/G.G.A. 莫瑞 …… (44)

第四讲　希腊、意大利巫术　/F.B. 杰文斯 ………………… (63)

第五讲　希罗多德与人类学　/J.L. 迈尔斯 ………………… (83)

第六讲　净化仪式　/W.W. 弗勒 …………………………… (114)

总　序

古典人类学指近代学科发生以来(19世纪中叶)出现的最早论述类型。就特征而论,它大致相继表现为进化论与传播论,前者考察人文世界的总体历史,主张这一历史是"进化"的,文明是随时间的顺序由低级向高级递进的;后者叙述人文世界各局部的历史地理关系,视今日文化为古代文明之滥觞。

"古典时期",人类学家广搜民族学、考古学与古典学资料,心灵穿梭于古今之间,致力于解释改变人文世界"原始面目"的因由,他们组成了学识渊博、视野开阔、思想活跃的一代风骚。

古典人类学家抱持远大理想,对人文世界的整体与局部进行了历史与关系的大胆探索。

兴许由于理想过于远大,古典人类学家的探索有时不免流于想象,这就使后世学者有了机会,"以己之长攻其所短"。

20世纪初,几乎只相信直接观感的人类学类型出现于西学中,这一人类学类型强调学者个人的耳闻目见,引申实验科学的方法,将之运用于微型区域的"隔离状"的研究中。

这一学术类型被称为"现代派"。

现代派并非铁板一块。虽则现代派崇尚的民族志基本依据对所谓"原始社会"与"乡民社会"的"田野工作"而写,但学者在分析和书写过程中所用之概念,情愿或不情愿地因袭了欧洲上古史既已形成的观念,而这些观念,曾在古典人类学中被视作认识的"客体"得到过考察。另外,在现代派占支配地位的阶段,诸如法国社会学派的比较之作,及美国人类学派的历史之作,都更自觉地保留着浓厚的古典学派风范,刻意将观察与历史相结合。

然而,现代派的确使民族志方法流行起来,这使多数人类学叙述空前地注重小写的"人",使其制作之文本愈加接近"普通人生活"的复述。此阶段,"直接观察""第一手资料"的"民族志"渐渐疏远了本来富有神话、宇宙论与历史想象力的大写的"人"的世界。

现代派"淡然"远离人文世界渊源与关系领域研究。这一做派到1950年代至1980年代得到过反思。此间出现的新进化论派、新世界史学派及新文化论派,局部恢复了古典派的"名誉"。

可是不久,这个承前启后的学术"过渡阶段"迅即为一股"洪流"冲淡。后现代主义给人类学带来"话语""表征""实践""日常生活""权力"等等诱人的概念,这些概念原本针对现代派而来,并偶尔表现出对于此前那个"过渡阶段"之成果的肯定,然其"总体效果"却是对于现代派"大历史"进行否定的新变相(也因此,后现代主义迅即被众多"全球化"的宏大叙述替代,并非事出偶然)。

当下西学似乎处于这样一个年代——学术的进步举步维艰,而学者的"创造力自负"和"认识革命迷信"依然如故。

在中国学界,古典人类学也经历了"漫长的20世纪"。

进化论思想曾(直接或间接)冲击清末的社会思想,并于20世纪初经由"本土化"造就一种"新史学",对中国民族的"自传"叙述产生深刻影响。接着,传播论在清末以来的文化寻根运动及1920年代以中央研究院历史语言研究所为中心的民族学研究中得到了运用。西学中出现现代派不久,1930年代,以燕京大学为中心,同样地随之出现了建立现代派的运动,这一运动之一大局部,视现代派民族志方法为"学术原则",对古典派冷眼相看。与此同时,本青睐传播论的中国民族学派,也悄然将以跨文明关系研究为主体的传播论,改造为以华夏古史框架内各"民族"之由来及"夷夏"关系之民族史论述为主干的"民族学"。

"中国式"的社会科学"务实论"与历史民族学"根基论",消化了古典人类学，使学术逐步适应国族建设的需要。

1950年代之后，古典人类学进化论的某一方面，经由苏联再度传入，但此时，它多半已从学理转变为教条。

而学科重建（1980年代）以来，中国学术再度进入一个"务实论"与"根基论"并重的阶段，一方面纠正1950年代出现的教条化误失，一方面复归20世纪上半期学术的旧貌。

学术的文化矛盾充斥于我们亲手营造的"新世界"——无论这是指世界的哪个方位。在这一"新世界"，搜寻古典人类学之旧著，若干"意外发现"浮现在我们眼前。

经典中众多观点时常浮现于国内外相关思想与学术之作，而它们在当下西学中若不是被武断地当作"反面教材"提及，便是被当作"死了的理论"处置，即使是在个别怀有"理解"旧作的心境的作者中，"理解"的表达，也极端"谨慎"。

而在今日中国之学界，学术风气在大抵靠近西学之同时，亦存在一个"额外现象"——虽诸多经典对前辈之"国学"与社会科学论著以至某些重要阶段的意识形态有过深刻影响，又时常被后世用来"装饰"学术论著的"门面"，但其引据对原版语焉未详，中文版又告之阙如（我们常误以为中文世界缺乏的，乃是新近之西学论著，而就人类学而论，它真正缺乏的，竟是曾经深刻影响国人心灵的原典之译本）。

文明若无前世，焉有今生？学术若无前人，焉有来者？

借助古典派（以及传承古典派风范的部分现代派）重归人文世界的时空之旅，对于企求定位自身世界身份的任何社会——尤其是我们这个曾经有过自己的"天下"的社会——而言，意义不言而喻。

译述古典派论著，对于纠正"自以为是"的态度，对学术作真正的积累，造就一个真正的"中文学术世界"，意义更加显然。

王铭铭

2012年9月29日

译者前言

细心的读者翻开扉页,可能会被吓到:这本书首版于1908年,距今一个世纪有余!

这样一本书,又不是哪位名家的大部头传世经典,只是一百多年牛津大学的六个讲座之合集,却在今天进入中文读者的视野。

它的价值在哪里?

对于这个问题,不同背景、不同学科(比如,人类学与古典学)的读者或会有不同的答案;而我作为译者,对自己工作的价值,借用费孝通先生的一段话:"我不愿意做着自己不觉得有意义的工作,因为只有在有意义的工作中,我才愿意消耗我的生命。譬如我可以在深夜里,在旅途上,不觉得疲乏地写这本书,因为我在写这本书的过程中,我心目中很明白这工作有什么意义,而且这意义就在这书的本身,而不是在从这工作所得的报酬中间接得来生活上的满足。"[1]

无论如何,翻开这本书时,一个个妙趣横生的话题大概已经能使读者把这个问题直接忘掉了。在发展出字母文字之前,欧洲各地的原始族群如何使用图画来记录、书写?他们的"象形文字"是怎样的?简化图案是否成为字母的原型?"图形符号在欧洲的传播及其与文字起源的关系"中,二十几幅精巧的插图展现了欧洲各地原始"文字"的考古发现。伊文

---

[1] 费孝通:《机器与疲乏》,《美国与美国人》第58页,北京:生活·读书·新知三联书店,1985年。

思(Arthur John Evans,1851—1941)是当时著名的考古学家,正是他主持发掘了克里特岛上那传说中的克诺索斯宫殿,也是他提出了米诺斯文明的概念;而在第一讲中,古老的克里特文字系统只是果实,伊文思带领读者欣赏的则是还要更古老的那棵树——太古时期便散布于欧洲各地及爱琴海周围地区的图形与符号。

荷马的作品,即使在中文世界也是家喻户晓——《伊利亚特》与《奥德赛》中描述的社会,有什么可以和人类学及各地传说所提供的线索相互参照?"共主"阿伽门农的权力与义务为何?贵族封地、财产的状况?匠人、奴隶、女性的地位?战争使用的武器?丧葬仪式与鬼魂信仰?奥德修斯的故事与全世界原始民间传说的可比性?朗格(Andrew Lang,1844—1912),我们可以称他为人类学家,不过他更鲜明的形象是个兴趣广泛的文人,热衷于各地神话传说——以及荷马;而第二讲的标题简单明了:《荷马与人类学》。

相较于荷马那"严肃纯净"的品味,荷马以外的希腊史诗似乎保留了更多怪力乱神,令学者兴奋的元素:巫术与净化仪式、野兽崇拜、石头崇拜、鬼魂、神祇化形……莫瑞(George Gilbert Aimé Murray,1866—1957)是著名的古希腊学教授,同时也是剧作家、社会活动家。在第三讲《荷马以外希腊史诗传统中的人类学》中,莫瑞主要分析了秘密社团、试炼、显圣、人类兽化等,穿梭于希腊神话与美洲、新几内亚、西非等地的人类学材料之间;他以"药师-王"的概念分析诸多希腊神话中的王/神,而重头戏则是《神谱》中的三个元素:"吞噬""石头""匿藏"。

第四讲《希腊、意大利巫术》引用的经典文献是最多的,对词源的分析也是最多的。托雷斯海峡澳大利亚中部巫师的"唱",是一种有节奏的低声沉吟,而"唱"的内容是"愿你的心分为两半"或"愿你的头和喉咙断开";希腊人和罗马人是否有这种巫术性质的"唱"?"唱"的内容和对象是什么?哪些文句表达了对女巫力量之信仰、对言辞力量之信仰?杰文斯(Frank Byron Jevons,1858—1936)也是一个博学的学者,他的研究跨越多个领域，以现代的分类而言包括古典学、哲学、社会学、历史学、人类学、比较宗教学……这一讲中他还就出土的"钉咒之板"上面的铭文做了许多有趣的分析，比如：施术者有时靠自己的力量，有时祈求神灵，有时甚至命令神灵赶快为他办事！

迈尔斯（John Linton Myres, 1865—1954）的第五讲是《希罗多德与人类学》，在这位学者的眼中，希罗多德不仅是公认的"历史学之父"，同时也是伟大的人类学家，是"人类学事实的警醒观察者"，赫西俄德、米利都学派的阿纳克西曼德和阿基雷乌斯、埃斯库罗斯等对人类事实的观察和论述，到了希罗多德这里更进了一步；在希腊人传承的思想中，关于不同人类的理论是怎样的？如何解释种族的差异和风俗的差异？他们惯用的词汇有哪些？希罗多德为什么特别留意收集各地族群的婚姻习俗，和食物来源这两种资料？最后，苏格拉底的政治学思想与这些早期的人类学观察与思考之间，隐藏着怎样的联系？

最后一讲是我认为文字最优美的一讲，弗勒（William Warde Fowler, 1847—1921）这位罗马宗教专家从各个方面分析了古意大利的"净化仪式"lustratio，它来源于早期山林中的居民驱逐无处不在的邪恶精灵，因此必须带上祭品，绕行土地的边界，再加上恰当的语句，以使界限带有某种神圣的隔绝力量。从农场、到村落、到城市神圣的城墙，甚至到军队，古意大利人一直保留着这种庄严、缓慢、有序、渐进的游行仪式，虽然没有从中发展出道德伦理和宗教信仰的观念，但这种仪式融入了罗马教会，甚至在今天仍能看到它遗留的痕迹。

最后说说编者马雷特（Robert Ranulph Marett, 1866—1943），他较广为人知的有两点：第一，他是人类学学科创始者 E. B. 泰勒的学生，1910年泰勒退休后，马雷特继承了他在牛津大学的人类学教职。第二，他提炼了美拉尼西亚的"玛娜"概念，认为比泰勒关于宗教起源的"万物有灵"论说更精确的是万物都充满了神秘力量"玛娜"。

1906年人类学委员会在牛津大学成立，主要目的是为两年后的人类学教学工作做准备。1907年,马雷特成为人类学委员会的秘书并活跃其中。如前言所述,本书的六个讲座便是由人类学委员会主办,尔后由马雷特进行编辑。这也是他名下的第一本书,其后陆续出版了《人类学》(1912)、《心理学与民俗学》(1920)、《宗教的原材料》(1929)、《宗教的门槛》(1929)、《原始宗教中的信、望、爱》(1932)等作品。学术上,他可说是继承了19世纪进化论一脉的旨趣与风格,而后期人类学主流已经转向,因此他本人的学术影响并不大。

无论如何,一百年前的六个讲座,对今天的中文读者而言,我想其意义并不在于具体学术观点之正确与否,而在于为读者提供思路与启发。至于文中不时透露欧洲文明中心论的倾向,也请读者莫与古人计较吧。

至于翻译工作本身,不得不说难度非常之高。一来讲座内容跨度极广,二来对这些百年前的学者而言,大抵古希腊文、拉丁文、欧洲诸国语言皆是信手拈来,散见于文章各处,引经据典,时常并不加以译解。然而他们可以假设其听众有着同样的学术背景,我却不能以此作为偷懒的理由。因此,我以保持正文流畅为原则,零散词汇尽量译成中文;如正文乃就某词汇做语义分析,则仍保留该词汇原文;如正文成段引用古籍中文字,则尽我所能翻译之余,仍将原文附上,以便读者根据阅读之目的自行取舍。

人名、地名、书名、术语等,除了个别有固定译名,大多数仍需译者自行翻译。我深知译名不统一造成读者许多困惑,因此尽量将人名、地名、书名、术语之原文置于括弧中,供读者对照参考。

非常感谢北京大学历史系的李隆国及Mutscler老师的帮助,在翻译过程中,我曾向他们请教过拉丁语及古希腊语。当然文中如有任何失误,皆是译者责任。水平有限,唯尽力而已,望读者不吝指正。

何源远

前　言

　　字面上来看,"人类学"与"人文科学"似乎有着相同的疆土,但实际上它们却将人类文化的领域一分为二。人类文化的种种被归为两类,一者较简单,一者较复杂;或者说,一者较低,一者较高,虽然我们并不乐意这样说(从我们的成就来看,我想这种说法确实是不对的)。遵循传统,人类学把自身局限在较简单或较低级的文化上。另一边,人文科学则可溯源至希腊和罗马的文献(至少对我们来说是这样),他们的研究内容,象征着社会生活中较高的层次。

　　这样一来,两者中间的过渡现象又该如何解释?那里只是一片无人荒地吗?是一片刻意不予开发的隔离带,因为担忧野蛮人的远亲和文明的近邻会在这里吵起架来?显然,为了科学,两边都应该容忍,不,应该鼓励一种温和的穿透。人类学向前看,人文科学向后看。除非偏见作祟,两边兴趣的交叉是绝不会产生分歧的。

　　事实上,又怎么可能有分歧呢?就像这卷书中的每一位作者,人类学的焦点、古典知识与考古的关注,都正是同一个人的兴趣所在。伊文思博士不仅是史前欧洲研究的权威,还复原了克里特文明时代的面貌,给予希腊历史一个崭新而恰当的视野。朗格博士是著名人类学家,这门学科中,从来没有人像他那样提出如此之多新颖而丰富多彩的假设;在这之外,他还有暇(他有暇做了许多其他事情!)翻译荷马,并且证实了荷马本人的存在。在这里,莫瑞教授可以利用他那少见的同情共感的洞察力,去重新解释欧里庇得斯(Euripides)的音乐;可以去分析构成希腊史诗的基本元素。杰文斯校长以其对宗教早期历史的天才假设而闻名；但他同时也花费大量心血研究欧洲考古，而他编辑的普鲁塔克（Plutarch）的《罗曼问题》（Romane Questions）对古典遗产的学生来说无比珍贵。迈尔斯教授，在教授希腊语言和文学的同时，还是个专业的考古学家，而我们如何表达敬意都不为过的一件事是：在许多热心人的帮助下，牛津大学得以建立了一所卓有成效的人类学学院，其中迈尔斯教授出力最多。最后，弗勒先生，在他所有朋友眼中简直就是"人文"（Humaner Letters）的活化身，他既是研究希腊—罗马城邦的历史学家，又能巧妙利用比较的方法，从庄重而略显缺乏灵魂的罗马仪式中，淬炼出人文意义。除非我们要把这些出色的人和分裂病态双重人格联系在一起，否则我们无须质疑，他们既是人类学家也是人文学家，能够从学科的两端进行精确的操作，就像聪明的工程师从隧道的两端都能开始工作一样。

不过，公平地说，当前的第一步是从人类学这边迈出的。书中六个讲座由人类学委员会主办，于1908年第一学期进行。此机构从创办之始便一直认为有必要引导古典学者来研究较低层的文化，因为高层文化必是从中孕育而生。当然，人类学必须经常转而注意雅典罗马这条路以外不同的发展进程。但对我们、对我们的科学来说，这条路仍然是社会演化的中心，是一条决定性的路径。简单而言，被莱基（Lecky）喜悦地称为"人类思想的欧洲时代"这一时期的黎明阶段，应该是人类学不懈的关注焦点。

最后，必须就书名做一点说明。我们之前提到过关注点的交汇，对此"人类学与古典学"是一恰当的表述，本书每一篇的作者都用他们的人生和作品完美地演绎了这一交汇。不过，吹毛求疵的批评者可能会说，不管这个书名对所有作品作为一个整体而言多么合适，每个作品分开来看，似乎都无法套用这个标题。就算事实如此，其实也无关紧要；但事实确实如此吗？伊文思博士的讲座是个开头，还未跃进古典时期之前，我们蓄势待发；即便从穴居人开始讲起，但也已经跨入门槛抵达了克里特。荷马，赫西俄德,希罗多德——把这些归类于古典学不会遭到任何质疑。剩下的还有罗马的课题,巫术与净化。它们在什么意义上是古典的呢?用现在生物学的语言来说,希腊的文学是先天的,罗马的文学大部分是习得的。因此罗马没有"日出前的歌谣";它的"历史之父"不能再生。它的灵魂和肉体一样都是进口的。罗马人模仿起希腊与东方,拉提姆的巫术——宗教信仰不再受欢迎。然而原生的本质终究会冒头;何况罗马人非常虔诚,喜欢"追根溯源"。为了更好地欣赏拉丁经典中最伟大的维吉尔(Virgil)(让我们回到古典学正宗),我们至少应该把他当做一个古董收藏家。最后,这些文章只能说是"第一批收成"(vindemiatio prima)而已。未来当收获完成,在古希腊与罗马的经典这方面,我们就能够明了到底有多少旧事物继续活跃于新事物之中,我们也能够判断学生匆忙地套用"遗留物"这一标签是否恰当——当"遗留物"所指的这股力量仍然拨动着最智睿而尊贵的文化传人之心弦。

R. R. 马雷特

第一讲
图形符号在欧洲的传播及其与文字起源的关系

A. J. 伊文思

曾经,古典学家普遍认为在引进腓尼基字母之前,古希腊并没有发展出完善的书写系统。现在这种看法基本破灭了。这种假设不仅无端地缺乏想象,更是对世界各处原始族群提供的证据故意视而不见。

施礼曼(Schliemann)在迈锡尼(Mycenae)的发现展现了一个早期文化所能达到的程度;那么对比来看,我们能够相信这个文化在书写交流方面,比红种印第安人还要低级吗?至少在我看来,我们在这方面的知识有明显缺陷,这一缺陷显然终究需要填补。我正是带着这种自信开始有关克里特的考察,而现在,发现的结果已使整件事毫无争议余地了。克诺索斯(Knossos)宫殿和其他地方出土的泥版,证实了克里特人在古典希腊第一份书写记录出现的一千年前,就已经历了高度发达的文字系统演化中的每一阶段。

证据表明,先有一个简单的图形符号阶段,然后从中衍生出相约俗成的象形文字系统。而且有证据显示,这些早期元素将进化为一种非凡的发达的线形文字,我们知道这种线形文字的两个互相关联的形式。

我会在其他地方详细讨论米诺斯(Minoan)世界发展出来的这种完善的书写形式。[1] 现在我希望你们把这些欧洲土地上文字的第一份果实,

---

〔1〕 我即将出版的著作与此相关,*Scripta Minoa*, Clarendon Press, Oxford。

与那棵古老的树联系在一起,留意蔓延的根茎与树枝,等待着开花结果的时机到来。这棵古老的树,便是那些原始的图形书写、符号书写,从太古时代起散布于欧洲各地及爱琴海周围地区。

我们接下来会对遗留了古代图形符号的各个地区进行一次通览,在这之前,我们有必要首先注意一个在时间上和环境上都离我们十分遥远的所在,它名副其实地属于一个旧世界。

我说的是"驯鹿时代"(以其最广泛的含义而言)的壁画和雕刻,这些无与伦比的证据显示了图形以及符号的运用,其中有些甚至用得太多以至于变成某种"字母图形"。

我们或许可以用"书写图画"来描述旧石器时代晚期的穴居人行为。绘画与蚀刻的各种动物中,有驯鹿,野牛,还有些更危险的,如长毛象,洞熊,狮子,无疑这些都是亲身遭遇的纪念。至少在一个例子中我们确切地看到狩猎的表述——在一只驯鹿角上,雕刻着赤裸的人在追踪一只长角野牛。

图一

除了这种较详细的图画故事之外,新材料的发现使我们对旧石器时代"图画书写"的发展有了不同的视野。这主要应该归功于众人的耐心调查。在西班牙桑坦德(Santander)附近的阿塔米拉洞中(Great Cave of Altamira)、比利牛斯山脉(Pyrenees)另一端的玛索拉斯洞(Grotte de Marsoulas),以及法国其他地区发现的彩色壁画,以全新的方式展现了这种原始的艺术。不仅如此,这些山洞墙壁上的图画或蚀刻一层覆盖着一层,为我们了解这种艺术的阶段递进提供了新颖而宝贵的证据。我们面对的是几乎无穷无尽的"复写纸"。

不过当下对我们而言关系最密切之处在于,除了那些更大、更复杂的图像,在这些岩石复写层的最下层,出现了简化的图形和线性符号,其中一些已经可被视为真正具有"字母图形"的特征。

从这里我们得到了由简单到复杂的证据。另一方面,相反的过程——即从更具体的图像到与其相对应的线性化的简写,经常能从一系列图形中看出。例如,布勒依(Abbé Breuil)最近发表了一系列图表,显示马头、羊头、鹿头和牛头的逐渐简化和符号化。[2] 我们不一定要全盘接受他的所有看法,但是毫无疑问,一个作为整体的演化系列清晰可见。图

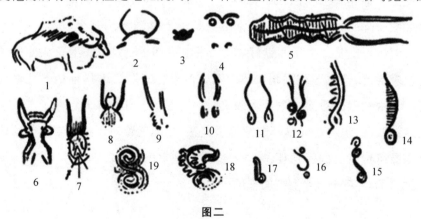

图二

―――――――
[2] 'Exemples de figures dégénérées et stylisées à l'époque du Renne.' (*Congrès International d'Anthropologie et d'Archéologie préhistoriques*, 1906. Compte Rendu, t. i., pp. 394 seqq.)

二中的牛头之简笔,直到第 12 号都十分清楚,不过之后那些螺旋状符号是否仍指同一物,则有些见仁见智。值得注意的是,这些古老的简笔牛头,在米诺斯与迈锡尼时期的克里特和塞浦路斯符号中可以找到相似的对应。

而"驯鹿时代"图形的演化走上了另一条路、有另一种结果。在之后的艺术史中也有相似的案例,但是人们大多对此缺乏关注。图二所显示的这种从复杂形式简化为线条的过程,对我们而言非常熟悉。埃及的通俗体和纸草书体符号以及埃及象形文字之间的关系是一极好的说明。但是人们经常忘记,有时候简单的线形图案反而是更早的,甚至有些埃及象形文字也是如此。图形的简化,不过是回到其原本形式而已。我在追溯米诺斯时期克里特的一些象形文字的起源时也发现了相同的现象。只要看看孩子们随意描绘物品时的情形就能明白,那种可被称为"铅笔画"风格的简单线条图案,必然早于更精致的图画。艺术一开始只有骨架,随着技术精进而逐渐血肉丰满。

驯鹿时代的情况似乎便是如此。已有人注意到,布勒依调查的洞穴墙壁上层叠的图画和蚀刻中,最早期的那些都是最简单的简笔线条[3]。就如孩子画的画一样。看起来常常像是由于懒惰而画一半就不画了,只要能够认得出是什么东西就好。比如图三的 9 号,只是长毛象头部前端的轮廓而已,连象牙和眼睛都省略了。2 号的野牛头也只是稍多几笔而已。首端的眼睛看上去像是人眼,或许代表了绘图者本人。除了这些能辨认的草图,也有些非常不起眼的线性图样,但无疑对于绘图者来说这些都是有确定意义的。并且,其中一些完全是字母性质的。其中有 X,L,有倒过来的 T,还会在 i 上面加上那个点。

---

[3] 'L'Évolution de l'Art pariétal des Cavernes de l'Âge du Renne.' (*C. r. du Congrès d'Anthropologie*, etc., 1906, t. i, pp. 367 seqq.) Fig. 3 is taken from this(p. 370, Fig. 120).

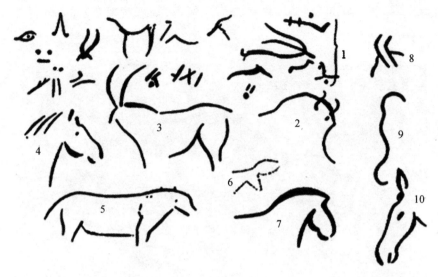

图三

让人惊奇的是,人类在艺术的初生时期已经造出了各种基本图形,日后最完善的字母系统不过是加以重复。先进书写方法的元素已经在那里了,不过其中的价值还没有被认识。只有经过漫长的岁月,经过精美图像的逐渐退化和相约成俗,文明的人们才又回归这种"粗糙的元素",尔后诞生了文字。但是应该记住,这些久已存在的线性图案,以及后来在全世界复活或重生的简单记号,其实一直都蓄势待发,一直施加着影响力。图形符号或象形文字的简化元素会愈发趋近于这种标准的线性类型。

有时,"驯鹿时代"的手工艺品上会出现一组字母图案。玛索拉斯山洞是个很好的例子。洞壁上,在野牛的侧腹部有红黑色的一组字母。[4]另一个有趣的例子则显示了经常出现梳齿状图形(pectiform)。还有一些代表了某种小屋的屋顶。唯一和人有关的符号,是一只摊开的手,它或许和腓尼基字母"kaph"的原型相同,kaph 是一个像"手掌"一样的符号,也就是我们的"k"。在克里特的象形文字中,可以看到 kaph 比较偏向图画

---

〔4〕 E. Cartailhac et l'AbbéH. Breuil, 'Les peinures et gravures murales des cavernes Pyrénéennes, II. Marsoulas.' *Anthropologie*, xvi(1905), pp. 431 seqq. 图 4 取自 438 页的图 8。

的样子;而和"kaph"完全一样的线形化版本,则可在米诺斯的那些线性字母中找到。

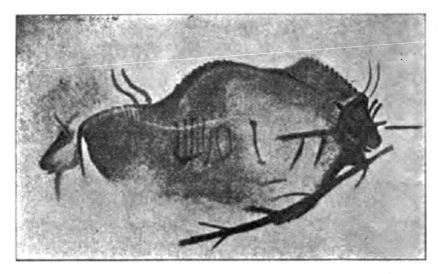

图四

图五[5]显示了比利牛斯山脉西班牙一侧的卡斯蒂洛山洞(Cave of Castillo)中发现的符号的其中一些样本,当中有"手"的符号,还有一些可能是表示帽子。皮耶特(M. Piette)在古丹山洞(Cave of Gourdan)发现的驯鹿角残件上(图六),竟然发现了一组三个字母图形。[6] 其中之一与 A 或 Aleph 非常相似。拉马德琳(La Madeleine)[7]的一个驯鹿角做成的渔叉上,也发现了八个线性符号,其中有一些是重复的。

面对上述及其他类似的证据,我们是否要和皮耶特[8]一样,断定在更新世(Pleistocene)时期,人们已经有规律地使用字母系统,而在那之前还有个象形系统阶段?

---

[5] Alcalde del Rio, *Las Pinturas y Grabados de las Cavernas prehistóricas de la Provincia de Santander*, 1906. Fig.5 is taken from *Anthropologie*, xvii(1906), p.145, Fig.3.

[6] E. Piette, 'Les Écritures de l'Âge glyptique.' *Anthropologie*, xvi, p.8, Fig.9.

[7] *Reliquiae Aquitanicae*, B, Pl. XXVI, Fig.10.

[8] Op. Cit., p.9.

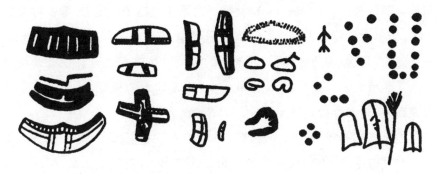

图五

驯鹿时代的艺术成就已然如此之高,即使作出以上结论也不至于使人诧异。人们绘画动物形象的时候,有力地抓住了对象的特征与神韵,其技巧可媲美之后的史前克里特和希腊的"米诺斯"艺术家,后者在瓦菲奥之杯(Vaphio Cups)上留下了野山羊及小羊、猎杀野牛场面的不朽杰作。我们现在晓得,米诺斯种族也拥有高度发达的线性通用符号。他们欧洲大陆上遥远的先辈,是否也曾走上同一条进化之路?

图六

驯鹿时代的人们确实有足够的智慧去发展出一种书写系统,这是毋庸置疑的。当然也并非所有人都如此优秀。有可能尼安德特人(Neanderthal)某些脑容量较小的种类生存到了更新世后期。蒙多尼(Mentone)附近格里马迪(Grimaldi)的"孩儿洞"(Grotte des Enfants)中,分层的遗迹显示此地不同时期有着不同的主人。一时是较优秀的原始欧洲种族,他们和克罗马努人（Cro-Magnon）同种；一时则是尼格罗入侵者，他们程度之低下，和澳大利亚的黑人差不多[9]。不过蒙多尼山洞墓葬群中的残骸有着直挺的下巴和精巧的鼻子，而他们的头颅类型才是主流。权威的目击者兰开斯特爵士（Sir E. Ray Lankester）曾为此大为震惊，认为这些头颅发展完美，其脑容量足以与当今文明的欧洲人相较。

然而，我们必须记得，不管这些古老的人群智慧如何，他们始终不曾拥有岁月的遗产，不曾拥有后世不同族群累积的经验。艺术，对他们来说，似乎是出自本能。他们也有其他文明的财富——如简易的丧葬仪式、对个人饰品的品味。他们拥有石头、骨头或其他材料制成的各种武器和工具。他们能点燃火焰，甚至在居住的地下洞穴中放上原始的石灯来驱赶黑暗。他们似乎是老练的布置陷阱的能手，甚至懂得如何驾驭马匹。但是原始文化的许多成就他们仍然还没有取得。他们不懂制陶，不懂纺织，也不懂耕作。他们光裸身躯，主要的居所仍是山洞或地洞。

这样一群人，断然无法说他们已发展了高级的书写形式。那些线性符号，更有可能是帮助记忆的记号，微微分开的字母可能各是单独的记号。有些符号可能获得了巫术价值。一系列的记忆符号，可以与欧及布威印第安人（Ojibway）的药师那著名的记忆歌曲相提并论，每个记号都提示了一连串的意念。

值得注意的是，出自驯鹿时代人们之手的简化图案中，极少见到人的形象，眼睛和手倒是会出现。而且一般来说，在其图画记录中很少看到肢体语言。不过在康巴雷洞（Cave of Les Combarelles）壁上的一幅图中[10]，一位男性一手举起，另一手前伸，明显是一种十分富有表现力的肢体语言（图七）。

---

[9] See R. Verneau, 'L'Anthropologie des Grottes de Grimaldi.' (*Congrès International d'Anthropologie*, etc., 1906, pp. 114 seqq.)

[10] Capitan, Breuil et Peyrony, 'Figures anthropomorphes ou humaines de la Caverne des Combarelles.' *Congrès International d'Anthropologie*, etc., 1906, pp. 408 seqq. (See p. 411, Fig. 149.)

第一讲　图形符号在欧洲的传播及其与文字起源的关系　9

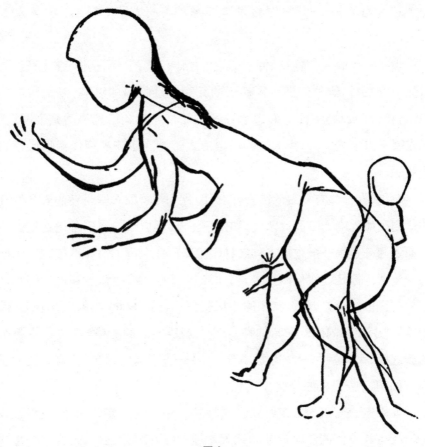

图七

有关肢体语言的另一例子,则是一些奇怪的人形兽面,卡塔哈和布勒依(Messieurs Cartailhac, Breuil)认为表现的仍然是人,只是带着面具,或被扭曲了形象[11]。在阿塔米拉山洞的顶上,就有一幅这样的半人半兽的形象,两手高举,手掌摊开放在额前。其发现者判断道:"有史以来、所有人种当中,表达恳求或祈祷的姿势,与这个姿势之间的相似性,实不容

---

[11] It is perhaps worth making the suggestion that these anthropomorphic figures with their animal snouts may in some cases be caricatures, at the hands of the 'Men of Cro-Magnon', of the low negroid element of the population—the 'Men of Grimaldi' of Dr. Verneau—with their markedly pognathous jaws and broad nostrils.

忽视。"此言不差。[12] 它作为表达崇拜的符号,后来产生了埃及象形字 Ka。

驯鹿时代的人们在这种肢体语言之外,是否发展出了完整的话语?当然,有理由相信他们拥有了话语的元素。动物般的嚎叫,以及所谓的"声音符号",已经能使他们表达许多东西。而且我们无法清楚说明,到底在哪一点上,这种口头沟通的原始形式过渡到了能被视作清晰讲话的阶段。

但是,有一些有分量的因素,能帮助我们判断旧石器时期的人是否真的达到了如此高的阶段。北美,和整片美洲大陆一样,似乎都是在较迟的时期才迎来了第一批定居者。红种印第安部落之间的身体特征有着明显的一致性。但是让我们困扰的是,体质方面的一致性和土著语言的多样性并存。根据观察,美国已知的印第安语族已经有 60 个以上,他们之间的差异"明显如同他们和希伯来文、中文或英文之间的差异"[13]。在每个语族之间,又有数种——有时多至 20 种——不同的语言,语言之间的差异有如"雅利安"族的分支。

如果这些部落的始祖们来到的时候已经有发展完善的语言,那么我们能相信其后代的语言竟会如此天差地别吗?除此之外,还有一个事实能助我们了解此现象——在当代红种印第安各个部落间,我们发现他们的符号和手势中有许多共通的元素。

我们有理由假设驯鹿时代的人在言语表达方面有所缺陷,那么很可能正是这种缺陷使得其他的沟通方式得以蓬勃发展。由于言语还在初生阶段,需要经常使用肢体语言,而且使用图画来记录的做法也得以强力传播。[14] 因此我们不能排除这个可能性——人类画图早于

---

[12] *Anthropologie*, xv(1904), p. 638.
[13] *Annual Report of the Bureau of Ethnology*, 1879—80, p. 312.
[14] Cf. Lucretius, v. 1030, 1031 'ipsa videtur Protrahere ad gestum pueros infantia linguae'.

交谈。

必须有口头语言才能表达抽象概念——这种观念十分无稽。聋哑人,不用讲话也能极好地做极其复杂的表达,这是当今文明社会中的例子。研究肢体语言让我们明白,从模仿具体物件到表达抽象概念,这个过程是多么自然而然。以"生长"为例。印第安人想表达"树木"的时候,把右手放在身前,手背朝前,手指张开——手指自然代表树枝,手腕代表树干。表达"树木很高",把手微微向上举;表达"草",把手放在地上,手指像刀刃一样竖立。表达"生长"的概念时,开始和"草"一样,但手并不停留于地面,而是连贯地向上举。[15] 同样,表达"谎言"的时候,把食指和中指分开放在嘴边,意指有两个舌头。表达"真实",则只放食指,表示只有一个舌头。

在连贯语言(而不仅仅是情感的叫喊)发展之前,基本的肢体语言元素似乎是全世界共通的沟通手段。而另一种表达的姐妹模式——"书写图画",比起发展较晚的口头交流来说,似乎也普遍得多。这可以由美洲大陆的例子看出。而在中国,有大量方言互不可通,而实质上为图像之简化的表意文字,则独立于口语,大大弥补了肢体语言和口语的不足。如前所述,红种印第安世界基本上是个言语断裂的巴别塔,但古老的符号语言却是相同的,一个部落的图像一般能为另一部落所理解。

世界上所有国家中,简单肢体语言非常一致,而画像符号由于包涵肢体语言因素,因此也有可观的一致性。例如,加利福尼亚突勒河(Tule River)那著名的岩画——令人伤感的图画书写纪念碑,在上面我们可以看到一系列伸出双手的人形,在美洲肢体语言中,这意味着"这里什么都没有"。在尤卡坦(Yucatan)那些约定俗成的玛雅图像中,两只伸出的手

---

[15] For smoke the same, but undulating. The sign is also used for fire.

也表示否定[16]。在埃及的象形文字中也出现了这个符号的简化形式,意义一样。同样,以"婴孩吮指"来表现孩子或儿子的意思,在古埃及、中国和北美洲都是相似的。

事实上,肢体语言不断地影响着图画表达方式,可以说是在无声的情况下为其提供情绪与张力。

无论如何,还是要记住这一点:简单的图形符号是一回事,不管有没有加上姿势的辅助;进化为一套文字体系则是另一回事。

相约俗成的一套书写体系,必和高度发达的口语相辅相成。这些旧石器时代的猎人当然还未能取得这项成就,还需要留待后世。时间逐渐流逝,物质条件改变了。驯鹿时代典型的动物群消失了,随之一起消失的,是这一可敬的族群,首批高级艺术品的生产者。更新世的结束、新纪元的开始,在法国是以一奇特的遗迹为标识。阿里兹河(Arize)左岸的马斯达兹山洞(Cave of Mas d'Azil)中,皮耶特发现了一些扁平长椭圆形的石头,上面用铁锈画着红色条纹和一些简单图案[17](图八)。皮耶特试图在其中寻找由线条和圆圈组成的某种确切的数字系统,甚至认为某些符号代表千、万、百万。有些符号或许确实代表了简单的数字记号;但我们却对皮耶特更进一步的猜测不敢苟同。其他的记号中,有一些则带有字母的性质,有时会重复出现在同一块石头上。其中有和我们的 E,F,L 相像的符号,还有类似哥特字母 M,希腊字母 θ(Theta),γ(Gamma),ε(Epsilon),ξ(Xi),σ(Sigma),腓尼基字母 Cheth,以及在米诺斯和塞浦路斯的符号系列中出现的一些符号。

---

[16] Garrick Mallery.

[17] E. Piette, 'Les Galets Coloris de Mas d'Azil' (*Anthropologie*, vii, pp. 386 seqq.), and 'Les Écritures de l'Âge glyptique' (op. Cit., xvi, pp. I seqq.).

第一讲　图形符号在欧洲的传播及其与文字起源的关系　13

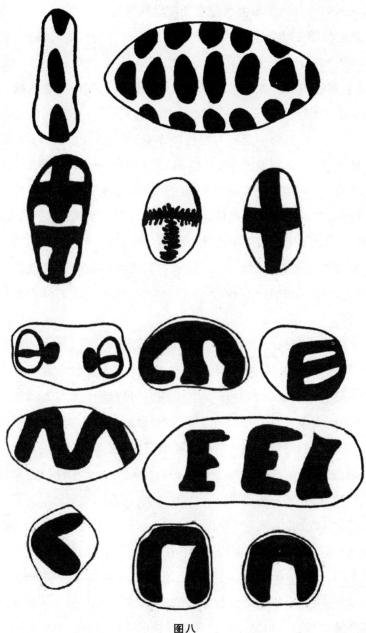

图八

这一系列的几何图案再次证明了字母的原型形成之早。马斯达兹系列和驯鹿时代手工艺品上的线形符号并没有什么特别的关系，它们的含义尚不为人知。其中一些可能是简化的图画，往往代表动物或动物的一部分，有着某种传统承袭下来的意义。一些则可能完全是个人随兴的创作。石头上的数字可能表示它们是做游戏之用。另一方面，说这些图案有着巫术力量，也完全不是不可能的。库克（Mr. A. B. Cook）[18]提到一个相应的例子，澳大利亚人叫做"楚灵嘉"（churingas）的石头，与部落离去的灵魂有关，其设计带有图腾意味。可以肯定制造这些彩石的人还处于野蛮阶段，要远远低于先前住在同一洞穴下的天资聪颖的种族。很少人能认同皮耶特，把这些粗粗造就的符号当成字母（其中是否有音节含义都值得质疑）、当成希腊、腓尼基字母表的真正始祖，还把马斯达兹山洞当成"一个宽大的学校，有知识的人在这里学习读、算、写，并认识太阳神的宗教符号"。

有彩绘石头的马斯达兹遗迹已经属于现代世界了，其中的动物群都是现时仍然分布于温带地区的种类。这里展现的粗陋文化预示了新石器时代的来临。新石器时代并没有出现驯鹿时代那样拥有艺术天分的人群，图画表达变少了，而且，保存了早期记录的那些山洞，现在多用于墓葬，而非居住。但是参照现在的原始族群来看，图画书写应仍在整个欧洲地区普遍流行，纵然形式可能十分粗鄙。需知有一大部分的记录是写在容易腐烂的材料上的——如树皮、兽皮，或纹在人体本身。

史前时代晚期，主要是铁器时代的早期，留下了许多持久的记录，如石雕、图画、蚀刻，有时是陶器上的涂鸦。在整个欧洲大陆和邻近的地中海地区都有发现。而在偏远的地方，如拉普兰地区，图画书写持续到现代。

在这个课题上，虽然有大量零散的资料，但就我所知这些证据从来没有被系统地整理过。但似乎可以通过仔细的组织、对比，将欧洲地区分成

---

[18] *Anthropologie*, t. xiv(1905), pp. 655 seqq.

第一讲　图形符号在欧洲的传播及其与文字起源的关系　15

数个独立的区域或省份,各有自己典型的图像特征。用这种方式进行调查,有很大机会可以复原原始沟通方式,同时得到早期种族扩张的证据。

　　有趣的是,恰恰是在欧洲的极北部,气候最接近驯鹿时代的地方,纯图画方法保留的时间最长。拉普人的"转鼓"(troll drums),是当地萨满用来占卜的器具,上面有一系列线形图案和符号,各有其传统解释。如图九是希夫(Scheffer)的《拉普尼亚》(*Lapponia*)[19]中所截取的简单例子。根据希夫记录下来的解释,上半部分是四个拉普神祇,头部发光,其中一个被认为是挪威的雷神(Thor),他的上方有一弯新月、十二颗用十字表示的星星与七只飞鸟——与克里特线性文字上的图案相像,却更简化。

图九

　　另外一层还有三个头部发光的神圣图像,象征着耶稣及其两个门徒,他们在拉普人的万神殿中被给予了稍低一层的地位。这一图层的中部是太阳,周围画着驯鹿、狼、熊、牛、狐狸、麻雀和蛇各一。在右边有三条波浪线象征着湖,这和埃及象形字中的"水"字一模一样。

　　图十的例子更繁复一些,[20]而且没有提供解释。这面鼓上的各种图

----

[19] Ed. 1672, p.125. A.
[20] Scheffer, op. cit. p.129—see Fig.

像上面不同的姿势,虽然很粗糙,但确确实实地说明了图形符号和肢体语言之间紧密而不断再现的关系。

图十

这些拉普人的"转鼓"应该到17世纪都还一直在使用。要到下一个世纪中期,基督教才在这里扎根。有人说拉普人之间似乎有异教徒秘密复兴的趋势,我本人都可以证实——我于1874,以及1876年为了此事曾两次去芬兰和俄罗斯的拉普地区。特别有趣的是,那些古老的转鼓上的传统图案,至今仍被刻在那里的驯鹿角勺子上。

第一讲 图形符号在欧洲的传播及其与文字起源的关系 17

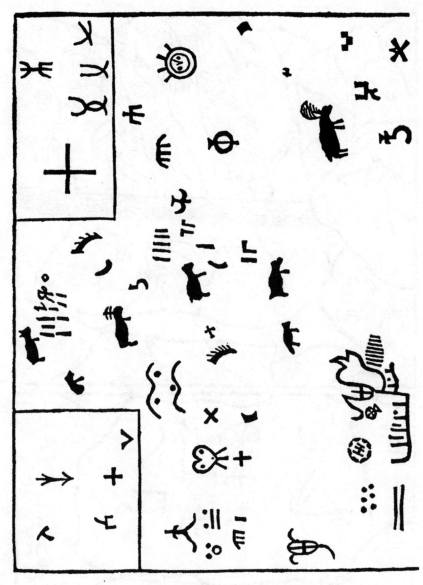

图十一

在拉普人的东边远亲萨摩耶部落中,也能看到和"转鼓"差不多的东西,表现的也是同一批事物。但是鼓上的图画书写类型能在西伯利亚的石刻或石头记事上找到应对。沙伦伯格(Strahlenberg)第一个描述这些石刻,

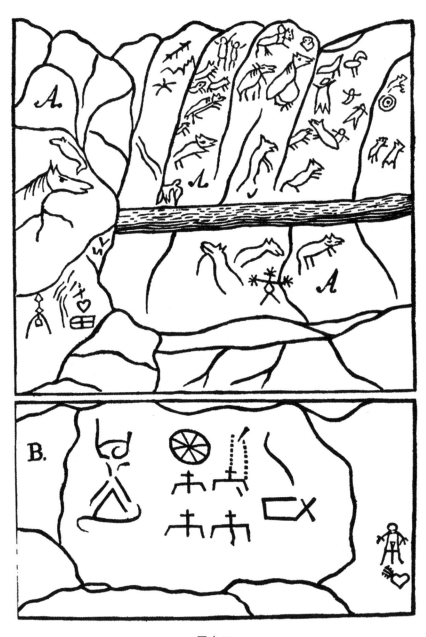

图十二

图十二是其中一个样本[21]，相似的石刻在广大的芬兰—乌戈尔地区都有发现，一直到中国边缘的蒙古地区，而中国文字本身一定也是从这伟大的北域一族的分支而来的。

芬兰—鞑靼一脉的原始图形符号范围远至挪威北部的大西洋区域。在斯堪的纳维亚半岛的南部，发现了无数的图画符号[22]。主要是青铜年代的遗物，要么刻在岩石上，要么刻在墓葬堆的板块上。后者有一著名例子——斯堪尼亚东海岸的科维克石冢（Cairn of Kivik），而岩刻的范围延伸到挪威南部和丹麦。其中最值得注意的可能要属波乎兰（Bohuslan）的岩刻，图十三主要展现其中的一些船只[23]。

在英国，也有青铜时代的证据，证实当时在岩石和墓葬空间的石板上刻画符号和图案的习俗。在英格兰和苏格兰发现的主要是单纯的几何图形，例如用线串起的同心圆；更复杂的图案则在例如法夫郡山洞（Fife Caves）等地方发现[24]，这些肯定已经是凯尔特时期的后期的产物了。但是爱尔兰那时由于盛产黄金，上升到了"西方黄金国"的地位，在那里原始图画更为丰富。卡里加（Sleive-na-Calligha）的墓室石块上刻画着多组复杂的图案；[25]其中新格兰杰（New Grange）的大墓室中那些可以辨析的图案格外受到注意。科菲先生（Mr. Coffey）[26]指出，这里的一个主要图案，是简化了的一艘船及其船员，与斯堪的纳维亚的图案（图十四）中反复出

---

[21] P. J. von Strahlenberg, *Description of the North and Eastern Parts of Europe and Asia* (English Edition, 1738, Table VII).

[22] Cf., inter alia, A. E. Holmberg, *Scandinaviens Hällristningar* (1848) (who wrongly referred them to the Viking Period); Hildebrand, 'Forsök till Förklaring ofver Hällristningar' (*Antiquarisk Tiskscrift för. Sverige*, ii); Montelius, 'Sur les Sculptures de Rochers de la Suedè,' *Compte rendu du Congrès d'Anthropologie et d'Archéologie préhistoriques*, Stockholm, 1874, pp. 453 seqq.; N. G. Bruzelius, 'Sur les rochers sculptés découverts en Scanie' (*ibid.*, pp. 475 seqq.).

[23] C. r. *Congres*, etc., Stockholm, vol. i, p. 466, Fig. 22.

[24] Sir J. G. Simpson, *British Archaic Sculpturing*, Plates XXXIV, XXXV.

[25] Op. Cit., Pl. XXVII.

[26] 'On the Tumuli and Inscribed Stones at New Grange,' Dowth and Knowth, pp. 32 seqq. (*Trans. of R. I. Academy*, 1892.)

图十三

图十四

现的图案十分相似。我们回想一下爱尔兰、丹麦及其附近地区在青铜时代有所关联的一系列发现,便会觉得这并非巧合。

这种相似性延伸至布列塔尼(法国北部海岸)。大家都知道,旧莫里凯(Armoric)地区的岩石和墓葬石板上发现了为数不少的图画,时间从新石器时代到铁器时代早期。最近发现的遗址当中,冯德地区圣奥本

(Vendée, Saint-Aubin)附近有一组奇特的岩石值得一提，[27]其刻画与阿威宏（Aveyron）的直立石（menhirs）、葛德（Gard）的门形石（dolmens），以及马恩（Marne）的山洞都有相似之处。其中除了人和动物的简笔线形图案，还有许多无法解释的符号，其中一些字母的特征十分明显。

图十五

莫尔比昂（Morbihan）的门形石的刻画中，我们找到了爱尔兰和斯堪的纳维亚的船只符号的直接后续。在洛马里亚克（Locmariaker）附近的曼路（Manné Lud）墓室的石条上，除了有柄或无柄的石斧外，我们分明地看到了和新格兰杰如出一辙的船只符号。船只符号不断地简化，最终变成两端勾起的弧形（图十六）[28]。虽然这些布列塔尼门形石之间的联系止于新石器时

---

[27] Capitan, Breuil et Charbonneau-Lassay, 'Les Rochers gravés de Vendée' (*Bull.*, *1904*, *Acad. Inscript. Paris*); and see E. Cartaihac, *Anthropologie*, xvi, pp. 192, 193, who inclines to refer the group of monuments with which the authors compare the Vendée rocks to the Neolithic Period.

[28] See Coffey (op. cit., p. 33, Fig. 24), who first pointed out the analogy with New Grange. Compare another sculptured slab of the same dolmen reproduced by D. A. Mauricet (*Étude sur le Manné Lud*, Vannes, 1864. Plates VII—IX). Similar 'ship' signs occur on the slabs of Mein Drein.

代,但考古证据表明,爱尔兰的铁器时代早期与此有所重叠。

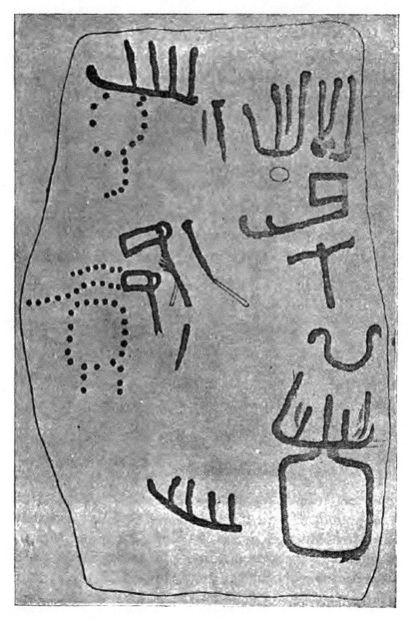

图十六

比利牛斯山脉南部原始图形符号也是由门形石和墓穴的建造者们留下来的,覆盖了伊比利亚(Iberian)半岛的大部分。最近,据称葡萄牙特拉斯山(Traz-os-Montes)的某些门形石的石条上发现了文字,[29]引起议论纷纷。但是这些报道缺乏科学精确性,而发现的字符,诚然带有字母性质,但毫无疑问,它们以及周围的简陋的动物形象,都属于图像表达的一个十分简单的阶段。

在西班牙,证据之链仍在继续——安达卢西亚(Andalusia)的"书写石块",红色的符号简陋地涂在巨石碑的石条上。例如,弗恩卡连(Fuencaliente)附近的"书写石块"(Piedra Escrita)[30](图十七,图十八)上面的记号包括人、动物、神圣形象符号、树木、武器、工具,和其他物件。这些记号和欧洲北部、西北部同时期的图画有许多有趣的相似之处,其中值得注意的,可能是这样一些符号,代表着船只和船员的逐渐线性简化(见图十七)。

图十七

图十八

安达卢西亚图画在海峡对岸继续着,在那里也有一组散布广阔的"书写石块"——阿拉伯人的"hadjrat Mektoubat"[31],从阿尔及利亚、摩洛哥

---

[29] Ricardo Severo, 'As Necropoles Dolmenicas di Traz-os-Montes' (*Portugalia* t. i. Oporto, 1903).

[30] Don Manuel de Góngora y Marinez, *Antigüedades prehistóricas de Andalucia*, pp. 64 seqq.

[31] Among recent contributions to our knowledge of this North African group may be mentioned G. B. M. Flamand, Les Pierres Écrites (Hadjrat Mektoubat) du Nord d'Afrique et Spécialement de la région d'In-Salah' (*Congrès International d'Anthropologie et d'Archéologie préhistoriques*, Paris, 1900).

延伸到撒哈拉地区,沿着大西洋的海岸直到加那利群岛(Canaries)。[32]

让我们回到爱琴海的欧洲这边,在滨海阿尔卑斯山(Maritime Alps)的克迪坦达(Col di Tenda)附近有一史前石刻,中世纪时已经为人所知,被称为"马拉维里",即"奇迹"(Maraviglie, Marivels)[33]。附近就是普罗旺斯和波河谷(Po Valley)之间一条十分古老的交通之线。这组图像之中,最早被发现的是位于"奇迹之湖"(Laghi delle Maraviglie)之上7000到8000英尺之处,在贝格山(Monte Bego)的中心。[34] 之后,毕克奈先生(Mr. Clarence Bicknell)在附近的方丹那巴谷中(Val di Fontanalba)发现了更丰富的一组图像,如同之前发现的一样,位于差不多的高度,刻在裹了冰层的页岩上。[35] 我自己曾参观过一组更远的图像,位于费纳雷斯(Finalese)的奥克费里诺(Orco Feglino)[36],离利古里亚(Ligurian)海岸只有数英里。

如图十九、图二十所示,这些图案表现了牛,特别是耕作中的牛;还有各种姿势的人,有的人挥舞着武器并明显在传达信号;还有许多武器、工具和其他物件。武器当中,戟和匕首是典型的青铜时代早期物品,值得留意的是代表青铜时代晚期的长剑则完全不见踪影。耕牛的模样显示绘画者似乎是从上往下看,这种现象可能是由岩石梯层往下俯视耕地的视角造成的。[37] 这些耕牛的形象简化得厉害,看上去就像草草画就的长着尾巴的蝎子或甲虫。

---

[32] S. Berthelot, *Bull. de la Soc. Géogr. de Paris*, 1875.
[33] They were first mentioned about 1650 by P. Gioffredo, *Storia delle Alpi Marittime*.
[34] The *Maraviglie* were first scientifically described by Mr. F. G. S. Monggridge (*Trans. of Congress of Preh. Arch.* 1868, pp. 309 seqq.). See, too, L. Clugnet, *Matériaux*, xii. 1877, pp. 379 seqq.; Issel, *Bull. di. Pal. It.*, 1901.
[35] C. Bicknell, *The Prehistoric Rock Engravings of the Italian Maritime Alps*, Bordighera, 1902 and 1903.
[36] I visited the spot in 1893 under the guidance of Padre Amerano of Finalmarina.
[37] See my remarks in the *Athenaeum*, December 18, 1897.

图十九

第一讲　图形符号在欧洲的传播及其与文字起源的关系　27

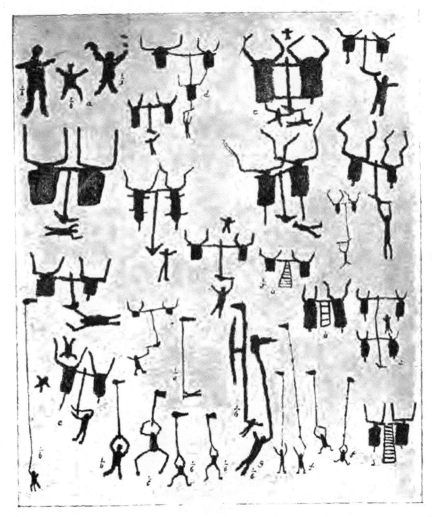

图二十

　　同样的图案经常在页岩山坡上重复出现,而这里我们找不到像斯堪的纳维亚的石板雕刻上那种互相关联的组群。"奇迹石刻"的图形记号可能带有奉献性质。我认为有些图案可能代表兽群,有些代表商人、武士和耕者。

　　原始图画文字的记录延伸到孚日山(Vosges)和汝拉山(Jura),并在亚得里亚海(Adriatic)东部再次出现。在古老的伊利里亚(Illyrian)王国的首都瑞希尼姆(Rhisinium)遗址不远处有个克托湾(Bocche di Cattaro),我在那里探索并成功发现了一组绘图符号。符号在一个神圣的岩洞上方,刻在石头上,看上去是个无法到达的地方。这些符号主要是动物以及各种卍字记号。似乎可以说这些符号要比基督教早,但不可抗力打断了我对他们更完备的研究。

亚得里亚海和黑海以及多瑙河下游(Danubian)盆地之间的早期图形符号,目前为止其最佳代表当为这片地域中发现的原始陶器上的线形切割图案。这些符号最好的一套辑录由托马(Fräulein Torma)在特拉西凡纳(Transylvania)的布鲁斯(Broos)所收集。说起多瑙河下游地区和西亚之间的民族学、考古学上显示的联系,有个有趣的地方值得一提,这些特拉西凡纳图画和施礼曼记录的希萨立克(Hissarlik)(图二十一)的螺片和陶器上的图画有相似之处[38],而且两者属于同一时期——新石器时代到早期铁器时代。

图二十一

这些记号中许多明显是线性简笔的动物或其他图案,也可以认为这些图案带有表意文字的性质。但是如果认为一个螺片或陶器上的符号有其确切读音,并且利用两千年后的希腊语塞浦路斯读音表来解读它,只能

---

[38] C. Bicknell, op. cit., pp. 38, 39.

说是异想天开了。前面讲过，与字母类近的线形记号，要等到人类文明的开始阶段才会出现。特别是这些螺片，上面的许多线条图形，只是由于隔壁的图案脱落了而进行的重复描绘，这个现象在驯鹿时代的雕刻群中已有发现。[39] 这种重复出现的装饰性符号的残留，根据其腐蚀的不同程度，与塞浦路斯的 go, ti, 或 re 相似，导致一些卓越的学者[40]的解读中出现无意义的重复：go go, ti ti, re re。

把目光转向克里特，它是希腊和爱琴海世界中前腓尼基书写系统的源头。我们在那里能找到相似的原始线形图书。但是在真正的形音文字系统中，除了表意图案，语音的元素已经非常明显；其中展现的一些其他特征超越了我们现在讨论的主题。在这之上发展起来的更进步的线性文书，自然有更多的语音元素，其安排之规律、词汇组合之确定，呈现和原始图书那种基础图案完全不同面貌。而腓尼基和后来的希腊字母使我们更进一步。

人们似乎模模糊糊地有这么一种观念，认为现在的美洲印第安人等已经有某种复杂的图书系统，而希腊人却没有任何沟通用的图像手段，而是像接受神的礼物一般接受了字母、接受了克里特文书系统。确实，早期记录多数写在容易腐蚀的材料上，如树皮和兽皮，已消失无踪。但我们应该肯定在爱琴海周围它们都存在，就像它们存在于其他地方一样。不，正是因为它们不仅仅存在，而且已经达到了相对高的水平，所以接收腓尼基字母表这种高度发达的书写系统才成为可能。甚至字母的形状本身应该都是相似的，因为我们已经知道，在遥远到像是另一个世界的上古时代，人们就在使用字母一般的线性记号。那时，或许话语本身还没有完全发展。

---

[39] *Ilios*, Whorl No. 1983.
[40] Professor Sayce, however, *Ilios*, p. 696, takes note of the possibility that such inscriptions as *go-go-ti-re* 'may be intended for ornament'.

第二讲
荷马与人类学

A. 朗格

伊丽莎白一世时代出版的希罗多德前两本书的译著中,有一条小注陈述了埃及人令人战栗的风俗,并提醒我们要"注意异教徒畜牲般的行径"(Observe ye Beastly Devices of ye Heathen)。人类学,虽然在名义上一切和人类有关的都属于此领域,但是显然更多注意力放在了蒙昧人和野蛮人的"行径"上——且不管是否畜牲一般,并关注这些行径在古代、现代文明社会中的遗存。令人不解的是,对于这些原始行径,荷马讲述得很少。他是现存的最早的希腊作者,但是在他之后的文学作品中,却常常见到有关野蛮人和蒙昧人之遗留的描述。就算在被惯称为周期诗人(Cyclic poets,因描写整个战争周期而得名,公元前800—公元前650?)的其他古希腊史诗创作者的作品残章中,甚至在这些诗流传下来的情节提示稿中,我们都能看到野蛮人习俗的遗留——比如人祭,比如死者现形信仰,即便尸体已妥当地焚烧并安葬——这一切都没有出现在《伊利亚特》和《奥德赛》中。悲剧作家、抒情诗人等,全都有提及这些恶习,唯独荷马没有。兽型神祇的奸情(很可能是图腾在神话中的遗留),清洗自杀之罪的一种血腥恶心的仪式,其他众多留存在古希腊社会中、使人生厌的蒙昧野蛮之遗迹,我们在《伊利亚特》和《奥德赛》中丝毫不见。

要说荷马对这些一概不知,是很难使人信服的,有可能这些习俗存在于他之时代的某个社会阶层中,而他将其忽略。他不愿向他的听众提起。

在《伊利亚特》和《奥德赛》里阿特柔斯（Atreus）一脉中，没有出现乱伦、同类相食等恶习，但其后的诗人则毫不迟疑地利用神话层叠的那些传统材料，里面充满了这种残留。品达（Pindar）知道神祇间互相吞噬的故事，但是认为不值得在他的诗中详述。荷马一定对这些野蛮的宇宙创世传说十分熟悉，此种传说新西兰的毛利人几乎一样，赫西俄德并不忌讳公开谈论；但荷马却保持沉默。

这里我必须说明一下，希腊进入历史时期后，把一大批古代叙事诗都归入"荷马"名下，但是我在这里只谈论《伊利亚特》和《奥德赛》。我希望能避开"荷马之谜"这一复杂的问题，但似乎不得不谈一下。大家都知道，自从18世纪末沃尔夫（Wolf）为《伊利亚特》所写的著名绪论出现之后，全世界对《伊利亚特》和《奥德赛》的来源有了两种截然不同的看法。诗人和几乎所有读者，只要是将其视为文学作品之一种"为人生之愉悦"而读，都会认为这些叙事诗基本上是一人所写，当然也就意味着出于同一个时代；另一方面，研究相关课题的大量学者和专科学生则坚持（在细节论点上有着无穷无尽的差异）《伊利亚特》和《奥德赛》一开始是一个简单的"骨架"，在文化交替多变的四个世纪以上的时间里，经过多个人在多个地方的改造，变成现在层叠篡改的大拼图。但为何诗歌能在制度、习俗、仪式、服装、信仰等方面保持和谐一致的描绘？为何有一种连沃尔夫都承认的"一致色彩"（unus color）？解释各有不同。有些评论则认为根本不存在和谐一致。他们试着在制度、习俗、信仰、军队和装备等方面找出不同阶段的证据。这些评论，不论多么学术，没有一个曾对比研究过早期文学、人类学、考古学和神话学。他们那种琐碎的研究，只能在丧葬、聘礼、房屋、武器等事物中，找出少许细碎的变量。如果他们研究其他早期诗歌文学，比如冰岛史诗及最古老的爱尔兰传说，便知在文明的每个阶段，生活事物都会有这种细小的变量；因为每间房屋、每次葬礼、每个婚姻规矩或其他规矩的细节，都不会完全一样；而关于死后生活的神话和想法更加多变甚至自相矛盾，任何时期皆然。所以，我同意沃尔夫所说，整个《伊利亚特》和《奥德赛》带有"一致色彩"的和谐,因此必然是一个时代的产物。

对此,反面评论或会回答说,虽然确实和谐一致,但原因有二:其一,传统的影响——每个新诗人不由自主地跟随了原本的式样;其二,后期的诗人有意并有技巧地仿古,用心研习前人描写并予以模仿,同时也同样用心地加入了自己时代的新奇事物。评论者逻辑如此。而此等双重理论并不成立——首先,此理论自相矛盾;其次,一切已知的早期艺术文学中,诗人或画家在处理古代题材时,向来惯于以自己熟知的现在来装扮过去。仿古是一种十分现代的艺术手段,所有早期文学及任何一间大型画廊皆可证实这一点。至于无意识地跟随传统,确实会导致史诗之格式及惯用语的重复;但后期的诗人,描述古时生活时总是代之以自己时代的生活。我们也看到,后期那些博学的诗人确实会仿古——如阿波罗尼乌斯(Apollonius Rhodius)、维吉尔(Virgil),甚至昆图斯(Quintus Smyrnaeus),但纵然他们尽力模仿荷马,却未能保持"一致色彩",大量细节出卖了他们,例如:维吉尔笔下之希腊人和特洛伊人都使用铁质武器,而阿波罗尼乌斯引入了以血净血之仪式,这是荷马所不提的。

又如"周期诗歌"(Cyclic poems),即使只留残章及内容提要,海尔比格(Helbig)、蒙洛(Monro)及每个读者,都会从中发现"与史诗传统风格完全相反的内容"(海尔比格语),这里史诗指的即是《伊利亚特》和《奥德赛》。我们看到对英雄之崇拜、人祭、神祇以兽形做爱、安葬妥当之人却现形为鬼,等等。维拉(Verrall)先生以为,"荷马"是古代诗歌混乱的集合体,而公元前600—公元前500年的雅典文人为教育之用,将其分解为一个个部分,如《伊利亚特》《奥德赛》《塞普利亚》(Cypria),《埃提俄庇斯》(Aethiopis),《小伊利亚特》(Little Iliad),《返乡》(Nostoi),等等;[1]某些

---

[1] 这里指维拉先生在 *The Quarterly Review*,July,1908 上发表的关于荷马的文章。我个人认为在波斯战争之前,曾有人编辑过《伊利亚特》和《奥德赛》。文学传统中有许多烟雾笼罩,而"有烟的地方必有火"。但这些烟圈模糊多变,就像 Ossian 中朦胧的鬼魂,而我无法像维拉先生一般看重一个公元前4世纪演说家的话。

人又假设,其实是爱奥尼亚人为教育之用,在较早的时候对《伊利亚特》和《奥德赛》进行删减。果真如他们所言,那么我们不禁问:为何要删改《伊利亚特》和《奥德赛》?"教育家们"为何从中删去许多"异教徒的行径"却容许周期诗歌保留?是因为只有《伊利亚特》和《奥德赛》被选为公共诵读物而遭删改吗?如是,则为何只有这两者被选中且进行删改?我们如何知道周期诗歌不被诵读?果真不被诵读,则又为何?则其用如何?赫西俄德又何故未遭删改?赫西俄德为公众所知的程度丝毫不逊荷马。最后,公元前7世纪、公元前6世纪的口味果真如此纯洁严肃的话,为何这两个世纪的诗歌中充满了《伊利亚特》和《奥德赛》中没有的事物?任何时代的希腊文学,都无有能与荷马之干净严肃相比,比如那些违反自然之罪,是历史时代希腊文明的永恒污点。所谓公元前8至公元前6世纪之教育性删减,从各方看来皆不成立。周期诗歌和赫西俄德广为人知,却并未"删改"至如荷马般语调统一、内容干净;而此教育时期之同代诗人也并非以荷马式行文为标准。何况,请维拉先生见谅,所谓教育家之编辑,并未受到"记载"的支持。没有任何碑铭为见证——只有碑铭才能算是"记载"〔2〕。唯有一个起源较晚且不确切之说法言道:梭伦(Solon)时代和佩西司特拉提达伊(Pisistratidae)时代之间,在雅典曾对"荷马"做过某些未明之事。对象为"荷马"之哪部分?是所有旧史诗,还是只有《伊利亚特》和《奥德赛》?如仅为此二者,则又为何?

由此我不得不假定《伊利亚特》和《奥德赛》整体来说为单一时代之产物,此特殊时代早于已知希腊历史记载之最早时期。若非如此,若史诗果真为4—5个变迁之世纪中生活之杂烩,由雅典文人为教育之用而结集,则似乎对人类学家及研究行为和机构之历史学生而言,无用之甚。如果诗中含有仿古段落、诗人刻意抛弃自己熟知的生活(而在某些段落中又刻意创新发明),则诗歌对人类学依然毫无价值。这种论述自相矛盾,我

---

〔2〕 利库古斯(Lycurgus)的演讲并非"记载"。希腊的"记载证据"对我而言仅指碑铭,不多也不少。

坚持认为这种矛盾证明其不合逻辑;下面的论述中我将把荷马作为史前希腊和亚洲某个真实社会阶段之见证者。

关于年代问题,亚瑟·伊文思(Arthur Evans)先生在克里特、施礼曼博士(Dr. Schliemann)在迈锡尼的考古发现,及其他许多荷马式的遗址,毫无疑问证实了这些诗歌属于迈锡尼或克里特米诺斯文明晚期。阿基诺斯(Alcinous)和墨涅拉俄斯(Menelaus)宫殿之装潢,金匠之工艺,战争中二轮战车之使用,荷马式巨盾之形状大小,战士之胸甲、束带,和铠甲裙,青铜武器等,荷马所描述之物件,皆与希腊克里特之米诺斯时代后期的出土物或艺术品上刻画之物一致。但各种荷马式习俗又与米诺斯考古推论的事实有大量出入。荷马式火葬及埋骨于高处墓堆下的做法,与米诺斯时代晚期的遗留物显示之丧葬模式完全不同。考古证实了对死者的献祭,此为荷马不提之事。遗留物显示之服饰风格与荷马世界差异甚大。其中不见和平用途之铁器,此为荷马熟知之物。而大量石质箭头,则史诗中从未提起。

结论似乎表明,荷马熟知的这群人,住在古代米诺斯的一处,保留许多米诺斯艺术及军事材料,但已进化到早期青铜时代的某个阶段;穿着新式样之服饰、实施另一套丧葬形式、对死亡及死者有另一套信仰,但仍然长发飘飘——常见于米诺斯艺术中的人之形象。

《伊利亚特》和《奥德赛》的常规战争中铠甲之使用也很普遍;在米诺斯艺术中对此极少描绘,可见这又是一创新。荷马诵唱的故事集自遥远过去之传说,对此他有明确自觉。他接触的这个过去的时代,对他的时代馈遗甚多;但如同我们所见,这个时代与荷马之时代相比,某些方面稍落后、更多方面有差异。然而,荷马把古老的神话英雄放在他熟悉的制度中——这种制度和希腊进入历史时期后完全不同。制度也并非荷马凭空幻造的。在政府形式方面,此制度类似于早期封建体制,最古老的爱尔兰史诗传说、公元 11—13 世纪法国英雄诗歌(chansons de geste)中皆有述及此封建体制。有一共主,如凯尔特共主"亚德里"(Ardrigh)、早期英格兰共主"布莱特瓦达"(Bretwalda);共主统领称为"里"(Ri)的诸王,并拥有某种受承认之权力,也被某种默认之惯例约束。弗里曼(Freeman)先生论"布莱特瓦达"时谈到,共主拥有"一种被承认之权威,但此权威为何可能并不明确"。共主为世袭,其君权由男性后裔继承。宙斯授予他王位,他由此得到神授权力进行统治。后世法国英雄诗歌中的查理曼(Charlemagne)仍然如此。他有宙斯所授之王权,以及 θέμιστες——"在实践中日积月累之原则与习俗"(《伊利亚特》ix.99)。

共主之起源如同王权之起源,有赖个人的智睿、勇气、战争经验等综合素质,及其逐渐获取之财富和影响力;还要加上巫医之余威,因为部落之超自然统治者只向巫医传达其旨意。较低等的例子可见澳洲迪里部落(Dieri)受神灵"古驰"(Kutchi)启发的巫医;高等例子可见荷马之米诺斯(Minos),他能与宙斯对话。甚至阿伽门农(Agamemnon)的梦也值得认真对待,涅斯托尔(Nestor)说这是"因为他是亚该亚希腊的第一人";其他人的梦则可以忽视(《伊利亚特》ii.80—83)。不过阿伽门农并不强调这种沟通;一般来说卡尔卡斯(Calchas)才是各种预兆与神祇旨意的阐释者。神圣的阿伽门农确实拥有某种尊崇的地位,虽然阿基里斯(Achilles)几乎对他拔剑相向。他有权召集所有军队,不来者可予以罚款;一大部分战利品归他所有;他领导战争,但需时时咨询周围的意见,如查理曼身边的贵族将领"帕拉丁"(paladins)。大家对他万般忍让,但如果傲慢过头做了过分之事,则王子或亲王有权反叛,阿基里斯便是如此。如果赎罪之礼得当,经过一套繁文缛节之后(《伊利亚特》xix.215—75),共主可再度恢复权利,不接受礼物则反成过失。《伊利亚特》xix 关于赎罪礼的细枝末节延缓了故事进度,批评者责其为"拖沓",但这并非"拖沓",只因听众必为高贵之人,对其生活中种种习惯法有莫大兴趣,此习惯法为历史时期之希腊所不知。冰岛史诗中也惯见此冗长琐碎之法律细节。

有说荷马为公元前9世纪之亚洲诗人,活在其幻想中的古代如公元前13世纪,一如威廉·莫里斯先生(Mr. William Morris)在想象中生活在公元13、14世纪。但莫里斯先生并非第一个,沃特·斯科特(Sir Walter Scott)是莫里斯的先驱,此人极有创意,是他第一个通过诗人和艺术家的作品对古代进行重构。莎士比亚只"活在"他自己的时代。他的哈姆雷特用伊丽莎白式细剑做武器,而非短剑或斧头。荷马也然,他活在米诺斯晚期,并只活在这个时代。

处于这种松散封建时代中的诗人总是偏袒诸王而非共主。爱尔兰传说之作者喜爱具有骑士精神的迪亚梅德(Diarmaid)或奥斯卡(Oscar)远胜于共主费恩(Fionn),后来法国英雄诗歌的作者则完全贬低共主查理曼,而推崇其"帕拉丁"。

希腊、爱尔兰、法国诗人都有其职业动机:有众多诸王之宫廷可供他们吟唱,共主之宫廷却只有一个。荷马的偏见算比较轻的,他的阿伽门农在所有角色中可能是最微妙的一个;虽然他和一切共主一样不讨人喜欢,宙斯所授的权威却总是使他获得尊重。共主及诸王之状况是真实的历史记录,是单一时代之文化产物,其时代远在爱奥尼亚殖民者到来之前。诸王之地位也由出身、财富和勇气决定。除了贫瘠嶙峋岛屿上的首领埃阿斯(Aias)和奥德修斯(Odysseus),诸王都拥有大量二轮战车。他们周围有一群贵族[爱尔兰之"佛莱斯"(Flaith)],也属武士,但比军队中的无名之辈更高一筹。正是这群人做出决定,从共有地中划出一块给墨勒阿格(Meleager)做封地(《伊利亚特》ix. 574)。我以为 $\tau \acute{\epsilon} \mu \epsilon \nu o \varsigma$ "封土",比 $\kappa \lambda \tilde{\eta} \rho o \varsigma$ "所有地"要大许多;而墨勒阿格是连"所有地"都没有的穷人(《奥德赛》xi. 490)。贵族可能在大众集会中通过封地之授予,此大众集会之功能也仅限于通过他们的决定。

贵族拥有"离城镇很远"的大量田地(《伊利亚特》xxiii. 832—5)。社会为封建骑士社会,而非民主社会。诚如雷杰维先生(Mr. Ridgeway)所说(J. H. S., vi. 319—339),在个人的财产清单中我们看不到土地,只有畜牲、金、铁、二轮战车和武器。但另一方面,贵族显然在远离城市的地方持有大量田地。

我们并不清楚荷马时期的地租情况，但土地的确实实在在为个人所有，就算不属于财产的一部分；墨涅拉俄斯之类的诸王有大片城市可以赏人。如果诸王把牲畜借给一领地主，而此领地主破产，领地则半合法地落入诸王囊中了。

人民是自由的，比如那个雇用他人干活的无地之人（干活之人的情况则不甚明了），比如匠人——铁匠、木匠、金匠；奴隶有男有女，是战争的俘虏或海盗掳掠之人，但他们在家里可以有很高的地位，如养猪人欧麦俄斯（Eumaeus）。战争时可以选择杀掉囚徒或索取赎金，一如中世纪。不同行当各有专家，不过奥德修斯喜欢让自己精通一切，从犁田到造船。

社会十分宽容，并善待奴隶；女人地位显然高于进入历史时期之后的希腊。固然女性通常用"新娘之价"买回，但她们品性崇高，较之骑士时代之欧洲好千万倍，说明男人允许女儿自由选择夫婿。

没有女人出卖自己。荷马中无一妓女，相比之下，以色列的古老记录中妓女十分常见。妓女无疑存在，只是诗人避而不提。此节显示荷马一贯之严肃，虽然他可不是清教徒；而他并不追求对一切行为风俗知无不尽。诚如吉兴先生（Mr. Gissing）所言，对荷马而言，家庭稳定十分神圣，奥德修斯之婚床系于大树之干便是一种象征。露宿或出游时，男人随心所欲；但在家里好男人绝不会有情人，拉厄耳忒斯（Laertes）和菲尼克斯（Phoenix）之父皆可作典范；而稍差一点的男人也会迅速在妻子的行为下悔过。这一切和历史时期希腊的道德非常不同。"新娘之价"确实是野蛮风俗之残余；但已婚妇女品行之纯正，证明父亲对"挚爱女儿"的仁慈已使此风俗有所变更，并非价高者得。未闻青年男女偷情的故事；女孩不在庭院凉亭中睡觉——不像年轻男人，也不像民谣《克拉克桑德斯》（Clerk Saunders）中美丽的玛格丽特（Margaret）。女孩睡在二楼的房间里，只有神祇可以不为人知地进入。娜乌西卡（Nausicaa）要极为谨慎地不让别人看到自己和陌生人在一起，以免为自己惹来麻烦。

在随身携带武器的社会中，如非刻意挑衅，礼数便需十分周全，如欧拉鲁斯(Euryalus)一般在帕阿恰(Phaeacia)对奥德修斯出口不逊,则必须道歉并赠送宝剑。习惯性无礼的人只有共主。

战争方面的情况,和描绘凯尔特时代后期(公元前200年—公元200年)风貌的爱尔兰传说《库里抢牛记》十分相似(Tain Bo Cualgne)。贵族站在二轮战车上,随时下车;军队有矛、投石器、弓箭,从两侧开火或前进。我们几乎从未见过平民步兵出场,除了在他们被箭雨一举歼灭的时候。希腊步兵的年代和骑兵一样久远,每次提到方阵都是在它被破之时。战车在亚述、埃及、米诺斯艺术中很常见,古不列颠人和古苏格兰人(Britons, Caledonians)对它们也同样熟悉,他们和罗马人打仗。战车极轻便,一人可提携移动(《伊利亚特》x. 505)。雷杰维先生之设想十分有理:马驹无法承载人与铠甲之重量,因而战车始在战争中派上用场;凯尔特高地人在罗马时代也使用马拉战车,其马种不良,因而败于哈尔洛岛(Harlaw)之战。根据荷马对马的描述,战车或已无绝对必要;战马高壮可为骑兵用,但出于保守惯性仍保留战车。涅斯托尔在《伊利亚特》卷四(iv. 303—9)中的那次演讲,证明荷马知道传统上埃及惯于以层叠列阵之战车进攻;而到他自己的时代,战车主人则喜下车战斗,且缺乏组织,甚至可说毫无组织可言。涅斯托尔自然倾向于"古老的方式";后世诗人绝无可能作此改动,因为后世希腊骑兵既盛,战车策略已不为人知。埃及战车军队使用弓,而对手克塔人(Khita)用矛,且战车队伍松散——如同荷马诗中之队伍,因此一败涂地。

荷马诗中也保留了遮蔽全身的巨盾,常见于米诺斯艺术。这种巨盾多少属于弓箭称霸时代的残留。巨盾系于带上,易洛魁人和中世纪欧洲所用者皆如此。从红种印第安人到中世纪(11—12 世纪)之盾,皆可谓挡箭雨之"伞";当弓箭渐趋无用,历史时期希腊人改用格挡小圆盾,可防矛、剑。身体铠甲方面,至少就小腿护甲而言,史诗中要比米诺斯更进一步。米诺斯艺术中战士不着铠甲,用巨盾防护;所幸,克里特出土之一两枚印章及塞浦路斯出土的一对小腿护甲,证明小腿护甲、胸甲、束带、铠甲裙,早已为人所知,甚至早于任何对史诗时代之猜测。[3]

　　战争中金属之使用甚少见,然也有例子。诗中凡提及武器之金属材料,必然是青铜,例外有二:一是原始箭头(《伊利亚特》iv. 123)、一是特制铁锤(《伊利亚特》vii. 141)。非战争用器具,包括小刀等,皆为铁器,偶尔为青铜。诗中提及的唯一一把战斧为青铜(《伊利亚特》xiii. 611);工具之斧则通常为铁制,耕者牧者之器具也然。荷马诗中从无"被铁器重击"之人,必为"被青铜器重击";相反则有出现"被铁器砍伐"之树木。

　　奥德修斯射的箭"穿过了铁",意思是穿过铁斧砍出的洞,斧头依然是工具。青铜与铁器共存,而铁器在作武器之前作工具使用这种情况,就我所知,在欧洲中部和北部都没有发生。但马卡里斯特先生(Mr. Macalister)在巴勒斯坦的格色(Gezer)大土堆某一分层中发现相同情况。其中所有武器为青铜,所有工具为铁器。[4]

　　显然这个时期铁器制造技术仍粗陋,不能赖以为军事用,而青铜器则锻造精湛。马卡里斯特先生证实,环希腊海地域中,有一文化阶段确实如此。我们在希腊的土地上没有发现坟墓等考古证据能证实这一铁器与青铜并存之时代。但我们也从未发掘过荷马描述的墓葬类型,而就算我们

---

[3] "胸甲、束带、铠甲裙"见泥印图像之复制,它的印文在 *Monumenti Antichi* 上发表过近一百个。细节见本人在 *Blackwood's Magazine January*, 1908 上发表的关于荷马的文章,以及 Mackenzie, *Annual of the British School at Athens* (1905—6, p.241)。

[4] Palestine Exploration Fund, 1903, p.190.

能发现,此类墓葬由于必然吸引盗墓贼,多半已遭盗窃。非常不幸,如巴勒斯坦一般青铜器与铁器并用之时代,在希腊只有诗歌为证。但我认为诗人绝无可能捏造此特殊文化阶段。若如大多数评论所言,铁器为后世诗人所加,那他们在"极力仿古"或"不由自主依照传统"时,竟然能避免偶尔让笔下战士"用铁器重击"或偶尔提到铁剑或铁矛,而提及铁质小刀、斧头、工具等时竟又不再"仿古"或"跟随传统"——这根本是不可能的。

青铜时代之传统中,工具必然与武器同为青铜所制。如此,诗人"仿古"时为何使工具为铁质,而武器却仅为青铜?

不过,《奥德赛》xvi. 294, xix. 13 中,有与我之意见极其不合之例。[5] 此为重复诗句,其中有一谚语——"铁器引人"。此处铁器意思指"武器",奥德修斯大堂中的武器需要搬走,理由是"铁器"吸引着人的手,会使痴狂的爱好者深陷其中。

我不愿仅因某句话不符合自己的理论便标榜其为"后人添加"。虽然评论家常常任意标榜,毫无此慎重精神。但此句不仅不符合我的理论,也与史诗之整体一贯说法相违。"铁器"与"武器"作同义词使用,这必然是铁器时代之谚语;如修昔底德和莎士比亚。但在史诗他处,意指"武器"之金属必然作"青铜"。而意指"工具"之金属必然作"铁器"。人"被青铜重击",树"被铁器砍倒"。

因此,我认为若质疑此诗句之原始性,倒不算自相矛盾。如接受此句,则需假设后世数百吟游诗人(按照多人创作理论)当中有一人百密一疏,使我们得到证据,证明史诗极大部分创造于成熟的铁器时代;而其他作者则严守秘密,一律只给英雄们青铜做武器。雷杰维先生反对我的观点。他写道:"荷马的战士……如我们所见,总是使用铁质的矛与剑。"他或许作如是观,但荷马绝不作如是观,他从不给战士铁质的剑或矛。[6]

---

[5] 《奥德赛》xvi. 294, xix. 13 中的 αὐτὸζ γὰρ ἐφέλκεται ἄνδρα σίδηρος,一个朋友建议改作 'αὔτως γὰρ ἐφέλκεται ἀνδράσι δῆρις',校改的任务留待有识之士。

[6] *Early Age of Greece*, vol. I, p. 301.

早期诗人，或可能任何诗人，在宗教神话方面都避不开野蛮蒙昧的遗留，只因诗人作品基石之神话材料性质如此。或可说无人创造任何情节：一切皆是从全世界原始民间传说（Märchen）之巨大仓库中借来。《奥德赛》、《领主马弥翁》（*Marmion*）、《伊万赫》（*Ivanhoe*）中的主要情节，皆是丈夫或情人从不知名的流浪中归来，无人认识他，只有《伊万赫》和《奥德赛》中有个养猪人认识他。这是全世界民间传说的桥段。格兰德（Gerland）及最近克鲁克先生（Mr. Crooke）等人研究了荷马史诗中嵌入的民间传说，其中一个为"狡诈的青年"，见于达森特（Dasent）的《挪威的故事》（*Tales from the Norse*）；而"狡诈的青年"只不过是"狡诈的野兽""狡诈的兔子"（*Br'er Rabbit*）等的人形版本，常见于 savage 野蛮的民间故事中。而荷马不过是在奥德修斯这个角色中将"回归的丈夫"和"狡诈的青年"合并而已。不难证明奥德修斯确实是《伊利亚特》《奥德赛》中真正的英雄，诗人最爱之角色，伊利奥斯（Ilios）城市之真正毁灭者。他智睿、坚定，有不屈不挠的勇气；他多才多艺，在战场上勇猛无双。但在《奥德赛》中民间传说的性质有时会发挥作用，如遇到独眼巨人（Cyclops）一节，奥德赛回到伊塔卡（Ithaca）时需要保持伪装，诗人不得不使他鲁莽且狡诈。而荷马之听众及荷马本人则认同阿基里斯之观点："憎恶谎言有如憎恶地狱之门。"但原来的素材不容许奥德赛持有这种骑士一般对虚假的蔑视，而奥林匹斯诸神中最重道德的雅典娜也赞赏他的机巧。神话素材也造就阿基里斯之残忍，他将死人拖在战车后面；爱尔兰史诗《库里抢牛记》中英雄也做过同样的事；他还"因心中之恶，以青铜残杀十二特洛伊囚犯"于帕特罗克勒斯（Patroclus）的葬礼上。然而诗人并不认为此乃人祭之一种，阿基里斯也无意让这些灵魂成为帕特罗克勒斯之奴隶。

荷马笔下阿基里斯残杀俘虏只是为了复仇泄愤，"因你们的杀戮而愤怒"（《伊利亚特》xxiii. 23）。这是他为传统素材中的某一事件所作之阐释，而这一事件可能是人祭。历史时期之希腊对此丝毫不陌生，但荷马则惊于其邪恶，且显然无法理解。材料中的宗教事物使他尴尬困扰。与赫西俄德相反,荷马不喜欢讲述神祇"在时间的清晨"做的事情,那些演化自上古野蛮神话的故事:乱伦、兽形奸情、同类相食、克罗诺斯(Cronos)对其父的暴行、宙斯被吞噬。但他无法摆脱奥林匹斯中远古的神话元素。虽然欧迈俄斯(Eumaeus)口中的宙斯高尚、公正、善良,像个真正的宗教之神;虽然荷马对人必须依赖神这件事甚至有些无奈;虽然"所有人都渴望神";但,故事中的奥林匹斯诸神,是善变、偏执、纵欲的神话形象,他们毫无威严。婚姻不幸的一面只出现在诸神之间,或许还带点幽默,如宙斯与赫拉之间的争斗;也只有众神将通奸视为玩笑。在人类中这是对家庭神圣性最可怕的触犯。对荷马来说他所继承的神话简直不可理喻,只好幽默以待,除了当神祇们守护神圣誓言(《伊利亚特》iii. 275),或者保护外来者、恳求者和穷人的时候。对荷马而言,神话之遗留无法避免,但它们是粗鄙的。关于死后世界,荷马诗中透露某种普遍观念,但和其他观念混杂,有时自相矛盾;然而对于此类神秘事务总是混杂矛盾的。这种普遍观念认为,如果死者经过适当的焚烧及掩埋仪式,便无法再为善或为恶,只能逗留在哈迪斯阴暗的冥府中。但如果死者得不到妥当的焚烧,便会郁郁不乐地徘徊,可能成为人类"灾难的原因",也可能出现在人的梦中,或者出现在

　　灰暗交界处,
　　灵魂的日夜之间。

在哈迪斯大殿中既没有奖赏也没有惩罚(如果我们将《奥德赛》xi. 570—600视作后世加入之章),只不过缺少活力及太阳而已。只有先知泰瑞西斯(Tiresias)——冥府中的撒母耳,"保持他的神智"及预知能力。

但是在发誓的时候(《伊利亚特》iii. 278—9),可诉诸某种力量,"在黄泉之下惩罚逝去之人"。我认为这段并非后世插入,只因与誓言相关之祭祀仪式极有可能十分古老,早于荷马时期,且反映某种已不再流行的观念。关于这种事各种矛盾说法皆可共存,如澳洲新南威尔士的尤瓦拉伊(Euahlayi)部落,他们的赞歌祈求巴亚姆(Baiame)让艾林(Erin)之灵魂

进入其天堂"布里马"（Bullimah），而神话中又说艾林已投生为一只小鸟。最底层的野蛮人大多相信死后会得到奖赏和惩罚；但火之效用已成正统，让荷马无心关注这种信仰了。

火葬，及相应的祭鬼魂、拜英雄等行为之缺席，是荷马人类学中的关键。考古显示祭鬼魂、拜英雄之类的行为在希腊从未间断，而荷马式坟堆及埋葬方法却尚未得见，然青铜时代之北欧确曾有此方法，此非荷马发明。荷马从未提及其他处理尸体之方法，但他所提之方法在希腊却找不到一丝痕迹。米诺斯时代晚期的深井式坟墓和圆屋式坟墓中都看不到史诗传统之痕迹，考古学家表示既不见火葬也不见坟堆。我不敢妄作猜测个中原因。曾有人认为火葬习俗起于多利安人（Dorian）入侵之时，目的在于隐藏尸体残骸以免被外敌玷污，但这种假说无法成立。深井式坟墓或可用作隐藏，而土堆和柱子只会向无情的敌人宣告其位置。

显而易见，在很多方面，荷马品味严肃，研究野蛮残存的人类学家从他那里挖不到什么材料。荷马史诗中没有人施展巫术，巫女和妓女皆不见，这和旧约状况十分相似。诗中有个人能通灵，但这属于天生异禀，荷马从不提及人类动物性的那些粗鄙需求，荷马笔下的老涅斯托尔从不像莎士比亚人物那样会因被夜袭警报吵醒而咳嗽吐痰，见《伊利亚特》第十卷（Doloneia），荷马诗中没有人咳嗽。在荷马的听众身上已全然不见猿人之兽性，虽然他们或许还保留着老虎的野性。他对各种酷刑一概不知——刑架、刑靴、绞指，这些酷刑在苏格兰保留到 17 世纪，历史时期的希腊也未能成功除去人的动物性。历史时期的希腊诗人无人像荷马那样成功，我推论《伊利亚特》和《奥德赛》为史前亚该亚文明短暂的花朵，那时诸王和诸女性贵族的品味极为纯洁高尚。诗歌为贵族而作，而非大众；当然我很愿意承认，当今最好的叙事诗人之听众，同样追求严肃英雄史诗中单一纯净的品质。不管是史诗或叙事诗，最高等的客观艺术的本质在于纯净：缪斯们都是少女。

第三讲
荷马以外希腊史诗传统中的人类学

G.G.A.莫瑞

在流传下来的早期希腊诗歌中,我们惊讶地发现一种反差。如朗格(Lang)先生所言,"荷马展现在人类学家眼前的社会,是个与人类学无关的社会。"这里他所说的荷马自然是指《伊利亚特》和《奥德赛》。在后世文学中我们可以列出一系列继承这种英雄传统的作品。我们称其精神为"古典精神""荷马精神",或"奥林匹亚精神"。

然而在最早的史诗传统中还有另一与"奥林匹亚精神"无关的分层。这一分层中充满了"异教徒畜牲般的行径"之残留,有时甚至脱离了现实情况,而此类行径对我们人类学家而言是非常熟悉的。一位希腊学者可将自己划作业余人类学家之属:巫术与净化仪式、野兽崇拜、石头崇拜、鬼魂和人形神祇、女人拥有特殊能力之蛛丝马迹——她们既是"好医师",也是家庭中名义上的家长,还有普遍而无处不在的人祭。

这一分层的代表是赫西俄德和"被遗漏的史诗",即未被选中在"全雅典大会"(Panathenaea)("全雅典大会"那未知的爱奥尼亚原型)吟唱之原始叙事诗歌,这些诗歌渐渐被遗忘——被奥菲士(Orphic)文学遗忘,被大部分悲剧作品遗忘,被保萨尼亚(Pausanias)继承的古董收集式传统遗忘,也被克莱门特、欧塞比乌斯(Clement, Eusebius)等充满敌意的基督教作家所遗忘。

在这一"非荷马"分层中,历史学家需要注意的第一件事是:"非荷马"绝不等于"荷马之后"。我们曾经被教导说这两者是相同的。我们被告知荷马是最原始的:纯净的史诗环境逐渐降格,进入浪漫时期。残存的"非荷马"史诗,其格式甚至内容都有着确凿的《伊利亚特》之痕迹,正如《伊利亚特》中也处处显示这些诗歌的痕迹;而直到最近我们才得以了解一本古代"传统的书"之性质与构成方法。我在此不打算详述。即使假设《赛普利亚》(*Cypria*)确然为晚于《伊利亚特》的诗歌作品,我们仍然可以说,即使是后期的作品,也往往以早期的作品为核心,或囊括了更原始的材料——就"非荷马"叙事诗而言,情况的确如此。

这里提两个论点足矣。第一,使用类比法所得的证据。人类学家掌握丰富知识,与赫西俄德一比较,极少人会认为《伊利亚特》那种崇高、严肃、骑士般的风格是原始的。第二,我们人类学的材料有一大部分在史前克里特已经能够找到。无具体形象的崇拜,石头、野兽、柱子、神之鸟、安纳托利亚(Anatolia)的伟大母神、人祭、王家神圣的公牛。比我更熟悉克里特之发现的人可能会纠正我的某些错误,但我认为克里特与赫西俄德,或欧米洛斯(Eumelus)甚至保萨尼亚之间的联系清晰可见;相反,克里特与荷马之间,在某些地方有着深深的鸿沟,无法勾连。

后期的作品中包含着更原始的思维模式、更早期的宗教。

这个事实本身在学者间基本没有异议,虽然学者各有不同的陈述方式。但对此的解释则五花八门。在我看来最有道理的似乎是净化理论。我在《希腊史诗的源起》(*Rise of the Greek Epic*)中试图表达的观点似乎不为朗格先生所理解,在此我重新论述:我们知道大量的叙事诗从公元前8世纪起被晾在一边逐渐淡忘;而我们从其残段中发现它们处于半野蛮阶段。相反,其中两篇在早些时候被挑选出来,在"全爱奥尼亚人"或者之后的"全雅典人"四年一度的庄重大会上进行吟唱。这些诗篇明显处于不断变动的状态,它们是希腊人的智慧结晶。在那场将爱琴海沿岸从半野蛮状态提升至泰勒斯(Thales),阿基里乌斯(Aeschylus)和欧里庇得斯

(Euripides)的文明希腊的巨大运动期间,这些诗篇一直持续变动着。这两部史诗(以及所有史诗)的故事背景都根植于一个"理想的过去",而我们发现,出于对"理想的过去"的追求,后世对丑陋和不洁元素,有一种逐渐而不容置疑的弃置。我的这个论断很粗糙,既省略了论证,也省略了其他的原因和限制。我的用意仅在于说明,我为何认为非荷马叙事诗更忠实地再现了原始前希腊思维习惯。文明的希腊是从这潭淤泥中蜕变而生的。

如果要讲授荷马中的人类学,难处在于寻找足够的材料;而要讲授荷马以外的早期叙事诗,难处则在于如何挑选材料,应该止于何处。

或许我们可以从原始秘密社团的遗留痕迹开始讨论。这方面的资料甚多。韦伯斯特(Webster)先生在其十分有启发的书中[1]曾追溯此种团体的普遍起源,它们在原始生活中影响甚巨。第一阶段是超自然的审判试炼和成人礼,所有部落中的男性都必须通过才能被承认是完整的男人。阿伦达人(Arunta)和其他红种印第安部落的试炼对我们大部分人来说都十分熟悉。这种仪式通常由大量的神话和骗术组成,例如进入的年轻人有时要按规定死亡并复活。过程是秘密的,部落里的女人被小心地隔离开。周围布满牛吼器的警告声——"不朽之物的嗡鸣",当赫西俄德写到空气回响着 $\rho\iota\pi\hat{\eta}\ \dot{\upsilon}\pi'\ \dot{\alpha}\theta\alpha\nu\acute{\alpha}\tau\omega\nu$ [2] 时可能指的就是这类东西。下一个阶段,这种进入仪式不再是强制性的。这种情况有时和战争首领与药师或长老的角色分离有关。第三阶段我们可以看到成熟的秘密社团。团体内外界限分明,进入团体的人致力于维系某种令神祇及他们自己满意的行为标准。

以杜克杜克(Dukduk)为例,此为新几内亚东北部比斯马克群岛(Bismarck Archipelago)的强大社团。我不会详述它的权力及其崇拜者的好处,但我将引述韦伯斯特描述的一次杜克杜克之显圣。

杜克杜克每年降临约六次,每次降临一定在新月之日。他的降临在

---

[1] *Primitive Secret Societies*, Macmillan, 1908.

[2] *Theog.* 681.

一个月前由长老宣布。该月中,人们为杜克杜克准备大量食物,由他的"侍奉者"——长老们负责管理。显圣那天看不到任何一个女人,看到神圣对她们而言是致命的。天亮之前部落中的所有男性在海滩上集合,大多数年轻男性看上去十分惊恐。第一缕阳光出现时海上传来歌声和鼓声,光线足够时便能看到远方有五六艘独木舟,它们系在一起,上面架有一块平台,平台上有两个杜克杜克,一边跳舞一边尖声呼喊。他们打扮得像大型食火鸡,约 10 英尺高,覆盖着扭曲的人脸。至少,根据我引述的见证者罗米利(Romilly)先生所言,他的身体很像食火鸡的身体,但他的头完全是杜克杜克的头。独木舟到达海滩,土著人谨慎地后退,因为如果杜克杜克被触碰到,他通常会当场用斧头斩杀冒犯者。他们朝着营地前进,持续跳舞并尖叫,一直来到树丛中为他们准备好的秘密小屋里。他们大约停留 14 天。他们经常打人,向适当的人索取钱财,特别是打劫女人;任何人,别说对杜克杜克本身不敬,如果胆敢对杜克杜克社团的成员显示出任何形式的不敬,都会迅速遭到严惩。

杜克杜克、厄波(Egbo)、曼波-简波(Mumbo-Jumbo)等都是反女性主义者,而狄奥尼索斯(Dionysus)主要受女性崇拜。在西非有几个类似的例子,蒙蒂(Mendi)国的"本都"(Bundu)就是个很强大的女性社团[3],但除此之外,杜克杜克的整个故事不是与狄奥尼索斯神话十分相似么?那些据说是欧米洛斯(Eumelos)创作的早期科林斯(Corinthian)史诗中,记载了这种狄奥尼索斯神话。在狄奥尼索斯的老家色雷斯(Thrace),很可能每个人都以他的名义进行成年仪式。但在希腊,他的崇拜者则组成秘密社团。狄奥尼索斯从不知名的海上乘船而来;他上岸后,这艘船整个放置于四轮车上。[4] 他在各种地方显圣,受到崇拜并赐予其崇拜者荣耀。根据普遍流传的神话,利库古斯(Lycurgus)便是因为冒犯了神祇及其社

---

[3] Wallis, *The Advance of our West African Empire*, p. 239.
[4] 参见 Dieterich, *Archiv für Relig. Wiss.*, xi, p. 173。

团而灭亡。他"企图留住神之女人和神之火"[5]。他重击狄奥尼索斯本人和他的看顾者,或者把他们赶到海里。[6] 潘提乌斯(Pentheus)也同样。在实际仪式中,无疑有人在扮演狄奥尼索斯,正如有人在扮演杜克杜克或厄波或曼波-简波。同样,如帕克(Mungo Park)所言,我们也可以假定未进入社团的人们"一无所知,或者说至少他们必须假装一无所知",他们一定要把船上的物体当作神。

神话与秘密社团密切相关。迪米特(Demeter)神话中包含了以下元素:显圣、迪米特在艾利乌西斯(Eleusis)降临、牛吼器、未进入者的隔离。而且和多数此类社团一样,它也宣称在另一个世界中要做许多美妙之事,这或许是它在此世中影响力下降的信号。

我认为,在史前希腊还有另一种秘密社团的痕迹,类似于西非的"人形豹"和"人形狮"。这里我必须提到我的朋友梅茵(Penmorlan Maine)先生那本备受期待的关于人狼的书,概括来说,就是这些社团的成员在某些季节,能够变成豹子或狮子,并以豹子或狮子的方式杀人。他们的目的一方面在于获取人类的脂肪作为"药",另一方面则在于消灭或恐吓敌人。约翰森(H. H. Johnson)爵士[7]讲述过一位老人的一系列谋杀,他匿藏在高高的草丛中,跃出袭击落单的旅行者,把他们杀掉,并撕裂尸体。他坦承自己的谋杀行为,但解释道,自己有时会变成狮子,不得不以狮子的方式行动[8]。豹子社团有着独特的三尖叉标志,或顶端有刀的手套标志,象征着豹子的抓痕。我见过顶端像野兽爪子一样的木棒,我怀疑也是出于同样的目的。木棍是我的岳父在喀土穆(Khartoum)从一个南边来的黑人手上买回的,此人也不知道这是什么,他说这是个"自由幻想的造物"——无疑它确实是。

---

[5] Soph. *Ant.* 965.
[6] Eumelus, cp. Schol. *Il.* Z. 131.
[7] *British Central Africa*, p.439.
[8] 参见 Du Chaillu, *A Journey to Ashongo Land*, p. 52。

让我们看一看具体的例子。歇布罗(Sherbro)豹社团的进入仪式让人不由地联想到一些前希腊神话。社团选择某些陌生人,邀请他一起晚餐,当中人肉和其他食物混合在一起。晚饭结束后他们告诉他他吃了什么,并且出示被害人的手或头作为证据。他分享了豹子的盛宴,现在也是一名豹子了。[9]

而阿特柔斯(Atreus)难道不就是取下了被杀害的孩子之手和头,用布遮住,并在宴饮结束后移去布,让梯厄斯忒斯(Thyestes)知道他吃了什么吗?还有利卡翁(Lykaon)(虽然很难说他的名字是否从 λύκος "狼"一词而来),他在"狼宙斯"(Zeus Lykaios)的祭坛上献祭了一名孩童而变成了狼。由于此人本身极有可能就是"狼宙斯",所以这则故事原本应该暗示有某种人吃人的行为。大家可能记得,传说在那之后的每次"狼宙斯"的仪式上,献祭的肉类中会混进一块人肉,不经意吃到这块人肉的人注定会变成一只狼。[10]

在古老的前希腊神话中还有如今热门的图腾及母系社会的问题;有大地巫术、净化、拜物,还有许多其他"下等文化的宗教"之痕迹。但是在此我必须回到一个特殊的问题,我希望用讲座的剩余部分进行讨论。

我想集中处理"神圣国王"的问题,我们对此都熟悉,我倾向于称之为"药师-王"。之后我们将讨论的结果应用于赫西俄德的《神谱》(Theogony)——荷马之外流传下来的诗歌中最显眼的一部。

我们都知道所谓的"药师-王"。我们可以说他是神圣的。他的力量、他的"玛娜"(mana)——我这里提出假设,即赫西俄德所说之 κράτος τε βία τε ("况"、"力")——牵系着人民的福祉,因为它能影响雨、雷、猎物及谷物的多少,还有战争的胜利。他也控制洪水、地震、虫灾。如果他受到任何苦难,他的玛娜衰弱了,他的所有民众都会遭殃并同他一起衰弱。因此人们尽可能长久地让他保持强壮。如果他有任何衰弱的迹象,

---

[9] Alldridge, *The Sherbro and its Hinterland*, pp. 153ff.

[10] Plat. *Rep.* 565 d)。参见 De Visser, *Nicht-menschengestaltige Götter*, p. 46。

便要立刻除掉他,找一个更好的代替者。有三种方式:一是定期更换,如三年一更、五年一更、九年一更等等;或者当他显示出上了年纪,便被静静地弃置,如传说中的佩利乌斯(Peleu)、欧涅乌斯(Oineus)、艾森(Aison)。还有一个方法(也是今天的重头戏),则是有人杀掉他,这表示此人的玛娜更强。现在我的玛娜最强,我是国王,我的旨意得到执行。但假如你的玛娜,你的 κράτος(况)和 Βία(力)征服了我,你便成为国王。如果你能取得我的玛娜,那最好不过。"况"和"力"很危险,能毁掉两人中的任何一人,据赫西俄德所言,它们能毁掉宙斯以外的一切:"宙斯的所有房子里有它们,宙斯的所有椅子上有它们,他前往的地方它们没有一处不跟随,它们永远坐在这个雷霆者的旁边。"[11]在赫西俄德那里这些玛娜性质的东西已经雏具人形,当然在阿基雷乌斯(Aeschylus)的《普罗米修斯》(*Prometheus*)中更是如此。

在人类学中我们一直在努力理解那些距离我们很久远的人之充满想象的思维,因此自然而然我们能不断地修正、改变自己的概念。这里我想提出,关于神圣国王,一般的古典概念稍微有些不对。我们讨论人之神圣化。而这种神圣化对我们而言一直都是谜团。神秘的米诺斯可能还好说,但在凯撒大帝(Julius Caesar)或哈德良(Hadrian)皇帝身上,在明白无误的历史时期的事实下,这种神话则是如此怪诞而不合时宜的亵渎。我想其中的关键在于我们错误地套用了高度抽象的"神"的概念,这一概念经过许多世纪以来人类最高哲学和宗教思想的升华,已不属于低层的人类思维。最近的宗教大会上的主席致辞中,哈德兰(Hartland)先生提到"神"之概念的一个重要事实:每次用到这个词时,我们最好的证词总是自相矛盾。比如,研究阿伦达部落的那些最优秀的观察者中,有些认为阿伦达人没有神,有些则认为阿伦达人时刻想着神。关于这些有许多可以讨论,但有一点我认为是清晰的:一个远在天上的神,一个"没有身体、形

---

[11] *Theog.* 386 ff.

状、情感"的神,或甚至是一个十分遥远、控制着世界的规律现象的神,这种神的概念根本不存在于他们的脑海中,即使可能通过某种努力他们得到并接受了这种概念,也不会产生什么实际意义,他们很快就会遗忘。我怀疑大多数原始种族中,拥有巨大玛娜的药师首领 βασιλεύς(瓦西利王)就是 Theos(神),同样 Theos 就是药师首领。他呼风唤雨,带来猎物,掌握着生与死的力量——他就在那里,清晰可见,后世人会把这些力量归于更高更缥缈的神祇,但这个神触手可及,带着他的药物,可能还有他的烟斗,端着他高高在上的姿态,穿着他骇人的着装。

"瓦西利王"拥有强大的玛娜,他希望人民服从他,通过意志力量、强有力的个性,再加上让人印象深刻的仪式,他成功了。同样他也会造雨,他如此斩钉截铁地说"会下雨",雨简直不得不下——于是便下雨了。我们有时错误地称之为模仿巫术。但真正的造雨者并不模仿雨,他只是制造雨。必须记住野蛮人对暗示极度敏感——对骗术、对欺凌、对怒火的爆发。当阿瑞斯之子吉克诺斯(Kyknos-Ares)(我们可以假定他属于这种"瓦西利王"阶层)在他的神殿(Temenos)中等待赫拉克勒斯(Heracles)的袭击时,他并非安排妥当防御措施然后被动地等待;不,他"发狂地"提升自己的玛娜,制造一切恐惧。想想中世纪发怒的牧师;甚至想想《戒子书》(Ausculta Fili)里面那只公牛;想想泰瑞西斯(Tiresias)等古代预言家、现代的瑜伽者和摩洛哥(Maroccan)圣人那种典型的狂怒。

那么,根据社会学原则,我认为首先我们不应该把这原始国王看做神圣化了的人,而应视为神祇时代之前拥有力量的药师,这些力量在后世被归于神。第二,虽然我知道语源学的论证像破芦苇一样,依赖它的人总会被割破手,但我不由自主总会想起库尔提乌斯(Curtius)认为 θεός 源于 thes-,这个词根出现在 πολύθεστος(被需要的)、ἀπόθεστος(被鄙视的)、θέσσασθαι(祈求)这些词汇中,可能还有 θεσμός——即拉丁词的 festus、feriae(圣仪)。Thes-有特殊的隐意:"咒语"或"巫术祈祷"。康威(Conway)教授倾向于另一种解释,[12]他曾给我写信说以 thes-作为语源的最大不妥之处在于 θεσός 不可能是"神"的意思,它所指的只能是"祈祷者"或"做祷告的人"。但这正是我希望它所指的意思,虽然这个词更多的是指"咒语"而非"祈祷者"。如果 θεός 本来是中性词,它的意思是巫术或药,如 φάρμακον。如果它是阳性的,意思是药师或巫师——和 φαρμακός 也差不多。

容我简化一下,思想演化过程似乎可以如此概括:首先,Theos 或人间的造雨者制造雨。然后人们发现他并非总是成功,或并非无限制地造雨,于是人们得到这一假设:一位更伟大的造雨者住在遥远的地方,在远方的山上,或者可能在天上,那是真正的 Theos。人间的 Theos 只是知道他的做法,隶属于他,并部分控制他,有时则只能谦卑地向他祈祷。所谓人间的 Theos,并非真正的 Theos。这里出现了荷马与非荷马传统之间最强烈的反差,一边是改良过的奥林匹亚宗教,另一边是其更原始野蛮的来源。荷马在人世与不朽之间、在奥林匹斯神祇和人类之间划下清晰的界限。而多数早期希腊诗歌则相反。Μὴ μάτευε Ζεὺς γενέσθαι. θνητὸν ὄντα θνητὰ χρὴ φρονεῖν(不要妄图成为宙斯,凡人就该如凡人一般思考)。公元前5世纪时,早已不是"神祇与人类在梅叩尼(Mêkônê)对抗"的时代,神祇已然胜出。然而索福克勒斯(Sophocles)还是让他的底比斯人(Thebans)向一位"瓦西利王"祈祷,恳求他阻止瘟疫。作者让祭司解释道:

> 并不是因为把你当作神
> 我和孩子们才来到你的炉边恳求
> 这是因为我们视你为命运的第一人
> 与神鬼打交道的第一人
>
> θεοῖσι μέν νυν οὐκ ἰσούμενόν σ' ἐγὼ

---

[12] Lith. Dvase,"灵魂,呼吸",MHG.. ge-twas,"鬼魂",见 Brugmann, Gr. Gre. s. v.

οὐδ' οἵδε παῖδες ἐξόμεσθ' ἐφέστιοι
ἀνδρῶν δὲ πρῶτον ἔν τε συμφοραῖς βίου
κρίνοντες ἔν τε δαιμόνων συναλλαγαῖς (O. T. 31 ff.).

恳求者并不完全把他当成神，而是把他当成人类中的第一人，并与 δαίμονες（魔鬼）有某种特殊联系。

库克(A. B. Cook)有篇精彩的文章《宙斯，朱庇特，橡树》，1903 年发表于《古典学评论》(*Classical Review*)，里面收集了许多这样的药师-王的例子，特别是造雨者、造雷者。在他发表于《民俗学》(*Folk Lore*, xv, pp. 371—90)的《欧洲天神》(*European Sky God*)中也有不少例子。下面我会简述其中一些例子。

最清晰的是萨孟内乌斯(Salmoneus)的例子。莱纳赫(M. Salomon Reinach)先生和哈里逊(Jane Harrison)小姐已经论述过他的性质。"他宣称自己是宙斯"，阿波罗多鲁斯(Apollodorus)(i. 9, 7)写道，"他夺取宙斯的祭品，并要求人类献祭于他。他用皮条把青铜做的锅系在战车上，拖着它们前进，说自己在打雷；他把燃烧的火把抛上天，说自己在闪电。"——他确实在做这些事，或者说他在做这种努力。库克先生证明他说自己是宙斯是有某些根据的。因为他是奥林匹亚的胜利者，因此他成为奥林匹亚的"瓦西利王"，即宙斯；制造雷电成为他的日常工作之一。

雷姆鲁斯(Remulus Silvius)的情况几乎同出一辙，(Remulus... imitator fulminis)"雷姆鲁斯……闪电的模仿者"，奥维德(Ovid)如此称呼他。"他蔑视了神，自己拟造了闪电和雷鸣一般的声音，想用此来吓唬人，仿佛自己是神一般。然而风暴夹着暴雨和闪电降临到他的屋子上，附近的湖水不寻常地暴涨，把他和全家都淹没了。"[13]与萨孟内乌斯的结局一样，在他模拟的雷电中真正的雷电降临了，并毁灭了他。

纽玛(Numa)的例子则更谦逊些，也更符合后世的信仰。在他造雷的

---

[13] Dionys. Hal. *Antiq.* i. 71.

过程中并没有不虔敬的成分。[14] "皮库斯和法乌努斯(Picus, Faunus)教会纽玛许多事情,包括召唤雷电的方法,用到的材料有洋葱、头发和沙丁鱼,这个方法至今仍被使用。"你可能记得李维(Livy)、奥维德等讲过的关于纽玛如何糊弄了朱庇特的人祭的故事。他用一个咒语招来朱庇特,并让他透露了雷电的咒语。朱庇特来了,但是对于被招来他很不高兴,想要鲜血献祭。"我要头"……"洋葱的头,"纽玛说。"我要人"……"的头发,"纽玛说。"我要活生生的"……"沙丁鱼",虔诚的国王接道,于是朱庇特放弃了。

米诺斯(Minos)也有类似的控制雷电的能力,但他只能通过祈求他的父亲宙斯才能做到。

要注意到这些早期罗马英雄多数是半人半神。我想这是因为当有了天上的神这一概念时,古老的"神"或"瓦西利王"要么需要被谴责——如米占提乌斯、雷姆鲁斯、萨孟内乌斯(Mezentius, Remulus Silvius, Salmoneus);要么被神化——如纽玛和罗慕路斯。埃涅阿斯(Aeneas)也参与了和图努斯(Turnus)的战争,有人说是和米占提乌斯的战争,然后他消失了,变成"因地结朱庇特"神(Jupiter Indiges);拉提努斯(Latinus)和米占提乌斯打仗时消失了,变成"拉提朱庇特"神(Jupiter Latiaris);后世这样的"人类朱庇特"(Humani Ioves)有许多。不可忘记一项最重要的事实,那就是古代社会教育传播艰难、速度缓慢,一个民族几乎是不可能马上使其整体水平超越迷信[普鲁士(Preuss)称之为"元愚"(Urdummheit)]的原始阶段。

凯撒皇帝被当做朱庇特祭祀,安东尼(M. Antonius)是他的"朱庇特祭司"(Flamen Dialis)。卡里古拉(Caligula)皇帝被当成"众神之神"(Optimus Maximus)祭祀,同时他也是"公祭朱庇特"(Jupiter Latiaris)时的祭祀对象。或许是因此他有能力在尼米(Nemi)将对手尼莫(Rex Nemoren-

---

[14] Plut. *Num.* 15.

sis)王置于死地。在诗歌中多米提安(Domitian)皇帝总是被指为朱庇特。硬币上则发现刻有文字 ΛIBIA HPA(莉维亚,赫拉),以及 HADRIANO IO-VI OLYMPIO(哈德良,奥林匹亚之朱庇特)。

我们还有玛可比乌斯(Macrobius)那些神秘的字句(Sat. iii. 7.6)"神圣化之人的灵魂被希腊人称为 Zânes",还有哲哲斯(Tzetzes)那句经常被重复的话"古人称国王为宙斯,称皇后为女神"。Οἱ γὰρ πρίν τε Δίας πάντας κάλεον βασιλῆας [15](古人称,一切王为宙斯)。

我不会在宙斯-阿伽门农或宙斯-米诺斯的问题上纠缠。也不会纠结于克里库斯(Corycus)那些叫做"扎斯"(Zas)的宙斯祭司之数量。我只指出一个事实:国王之外有两个阶级的人,也只有这两个阶级的人,有着"宙斯"之称谓。他们是预言者——如"宙斯-安妃阿劳"和"宙斯-特罗菲尼"(Zeus-Amphiaraos, Zeus-Trophonios),以及药师——如著名的米涅克拉特(Menekrates),他自称宙斯,并用诸神的名字称呼他的侍从。也就是说,古老的药师-首领概念一分为三——国王,预言者,医生。宙斯这一名号偶尔会被应用于这三者中的任何一个。正是因为在里斯特拉(Lystra)实施了治疗奇迹,巴纳巴斯(Barnabas)被拥戴为宙斯,而保罗为赫尔墨斯(Acts xiv. 12)。

正如之前有人注意到,这些"人类朱庇特"的历史,都是用鲜血写成的。有两个原因。首先,他们以血登位,以血让位;其次,人们总是在强烈危机的时刻向他们寻求"强大的药物"。而这种情况下最强大最受欢迎的药物总是人类的鲜血,各种类型的鲜血。豹会社的主要目的据说是获取人类脂肪"作药",同样的目的导致澳大利亚的谋杀。[16]

原始的药师-王与血腥紧密相连的原因,我们或许可以再加上一点:

---

[15] 见 Folklore, xv. 304。

[16] 根据1907年 Papua 的 White Book,其中有联邦政府的政府报告,上一年唯一的一个白人谋杀案是为了取得药物。一位叫 Hariki 的当地人盖了新屋,希望涂上红泥和椰子油的混合物使其坚固。为了达到这个目的,似乎需要某种特殊药物,为了使其尽可能坚固,Hariki 决定从白人那里获取药物。他杀掉一位叫 Weaver 的 market-gardener,他与他关系不错。

他们希望通过恐吓及震慑,尽可能拖延那终归会来用死亡笼罩他们的继位者。吉克诺斯等(Kyknos, Phorbas, Oinomaos, Kerkyon, Amykos, Philomeleides, Sinis, Procrustes)希腊神话的怪物和来者比赛或摔跤,打败他们之后,将他们的头挂在树上,或撕裂他们的身体,或将他们抛给野兽;而非洲的许多国王也在做同样的事,他们的草屋边上,环绕着挂在杆子上的头颅。

现在我想把这些概念应用在荷马之外希腊叙事诗歌中最显著的一部,从人类学的角度演绎《神谱》的主要传说。大家或许记得故事梗概。βασιληίδα τιμήν "圣瓦西利"这一类似于王的位置之首任担当者是乌拉诺斯(Ouranos)。他害怕自己的孩子,便将他们"藏起来",或者说监禁起来。终于他的儿子克罗诺斯(Kronos)征服并残害了他,于是他退出舞台。克罗诺斯成为国王,同样也惧怕自己的孩子;他将他们一一"吞噬";最终宙斯征服并"捆绑"他,于是宙斯成了统治者;而宙斯在墨提斯(Metis)准备生出雅典娜的时候,预防性地吞噬了墨提斯。

这里我省略了细节。我也不想讨论毛利人的同性质例子;在我印象中两者的相似性是由朗格先生于《习俗与神话》(*Custom and Myth*)中首先指出的。这一系列的冲突被用宗教更替来解释——早期佩拉斯吉(Pelasgian)式崇拜被新来的亚该亚(Achaeans)习俗取代。或许这是一部分原因,但显然不足以解释一系列的吞噬。因为并没有三种、更别说四种宗教相继取缔。

将故事进行分析,我得到以下元素:

首先,药师-王,即 Theos,害怕他的继任者。故事里可能的继任者表现为他的孩子。这可能只是为了讲故事的方便而已,也可能是受到世袭制度时代的王位观念之影响。

在三个个案中,赫西俄德所给予的动机皆是害怕继任者。乌拉诺斯的动机其实并没有清楚讲明,他开始在大地中藏起孩子们,因为他们是"儿子们中最危险的"(155)。他们"被父亲憎恶",而"他喜爱做这项邪恶的事情"。

克罗诺斯崛起并征服他,这里我不去追究"残害"的确切意思。克罗诺斯接着吞噬他的孩子们"以便乌拉诺斯的其他骄傲的儿子们都无法在不朽神祇中取得国王的地位,因为他曾听盖亚(Gaia)和乌拉诺斯说过,他注定被自己的儿子打败"。这里他的动机十分明确。

至于宙斯及他吞噬即将诞生雅典娜的墨提斯这一奇怪举动,则有两个截然不同的动机。首先,是我们之前见过的,"他认定除了自己,其他人皆不能在神祇中拥有国王的位置,βασιληίδα τιμήν(圣瓦西利)。他曾听过预言说墨提斯注定会生出"——这里有人可能会认为会出现西蒂斯(Thetis)的婚姻这一主题——"一个比他的父亲更厉害的孩子。"但事情并非如此简单,因为雅典娜是墨提斯的孩子,她显然并不比宙斯更厉害。预言奇怪地称墨提斯"首先生下雅典娜,而后生下一个比他的父亲更厉害的孩子"。宙斯吞噬她似乎有些未雨绸缪。但他还有另一个动机,他吞噬墨提斯"以便女神在他体内能告诉他善恶之辨"。当然"墨提斯"Μῆτις 的名字意味着"劝告"或"智慧"。

现在我们把细节抛开,我认为这个奇怪的故事中,吞噬或隐藏王位继承者的主要动机,正是每个国王对后来者自然而然的恐惧。此外还有许多未解之谜;我发现的第二个主要元素是对神圣火石、雷电石的崇拜。

大家或许记得,当克罗诺斯准备吞噬宙斯时,盖亚将一块大石包在襁褓中,交给伟大的克罗诺斯,而他"将其放入腹中",ἑὴν ἐσκάτθετο νηδύν(487)。然后,"年复一年"——不管这句意思是什么——"被盖亚的劝告欺骗,心灵扭曲的伟大克罗诺斯再次吐出了他腹中的东西,被他儿子的技艺和力量击败"。(这里有两个说法,可能是隶属两个故事——一说他被盖亚的技艺击败,一说被他儿子之玛娜击败。)"他吐出的第一件东西就是石头,他之前吞进去的石头……然后宙斯立刻释放了父亲的兄弟们泰坦(Titanes)。他们十分感激,给予他三样礼物——雷鸣、霹雳和闪电;原本它们藏在大地中,而宙斯是凭借它们统治人类与天神。"[17]

也就是说,宙斯在这个故事中是个雷神。雷或闪电便是他的玛娜。而且他不仅是雷神,他也是雷石。这身份在我们现今的神话版本中当然已被伪装起来。在赫西俄德的作品中,此事和其他事物一样面目模糊,[18]但仍然可见。当克罗诺斯准备吞噬宙斯,他吞噬的是石头。而只有在克罗诺斯"在大地的劝告下"吐出石头之后,宙斯才能采取行动;行动是以雷鸣电闪的形式进行,而雷鸣电闪正是雷石的特性。在"雷石" κεραυνία 一词中,古人似乎混合了,或者说是混淆了两个概念:一个是天文现象,应该是指雷电中那个可见的"弓",另一个是普通的火石、软玉、硬玉,或类似的石头,它们内含神秘的火种。火是火石的灵魂,是居于其中的玛娜。

我想,只要认真阅读赫西俄德的故事,大多数人类学家都会相信宙斯就是石头本身。事实上,宙斯和朱庇特都时常以石头的形式出现。罗马有一座最古老的朱庇特神庙叫做"朱庇特费雷特利乌斯"(Jupiter Feretrius),由罗慕路斯建造,其中有一个神圣的火石,叫做"朱庇特石"(Jupiter Lapis,不是 Jovis Lapis)。它的用途是在神圣的契约中杀死违约的人。它一定是普林尼(Pliny)提到的"像斧头一样的雷石"之一;这种斧头我们称之为新石器斧头。"朱庇特石"似乎不止一个,在公元前201年,元老院派遣的祭祀团带着几块"朱庇特石"来到非洲。我不用谈论其他案例了,吉雄的"宙斯卡波塔"(Gythîum Zeus Kappôtas)显然是一块大石,因为欧瑞特斯(Orestes)能够坐在上面;塞琉西亚的"宙斯卡西欧"或"宙斯考涅斯"(Seleucîa Zeus Kasios, Keraunios);从特罗真到赫米翁的路上的"宙斯桑聂思"(Trozên, Hermione, Zeus Sthenios)石;或克里特依达山(Ida)上的

---

[17] Theog. 485 ff. 参见690,宙斯用 thunder 为武器;又见853ff.,他击败了 Thyphoeus,此人"本可以成为人类和天神的王,但宙斯看到了他,并使用了 thunder"。

[18] 在我们先进的《神谱》版本中宙斯从未被吞噬。只有石头被吞噬。石头重现之时,宙斯把它放在 Pytho 作为标志。无需多言,无人会误以为《神谱》的故事是原原本本的样子。书中处处皆是"污染"和"调和"的痕迹。

雷石,宙斯之侍从"依达山的达科提"(Idaean Dactyls)用它来净化毕达哥拉斯(Pythagoras)。这些在德维塞(De Visser)的书中都有记载。

这些石头中最为人熟知的,或许是被认为是(注意是"是"而不是"属于")众神之母的那一块。李维(Livy)(xxix. II)讲到有使者从罗马被派往阿塔鲁斯(Attalus)去拿"伟大的母亲";还讲到国王将使臣派到佛里吉亚(Phrygia)的佩西努斯(Pessinus)那里,把神圣石头交给他们,而当地人确认了这个石头就是众神之母。阿诺比乌斯(Arnobius)如此描述它的外表:"一块不大的石头,一手可握,不显重量,颜色黑且暗沉,形状圆中带棱角,现在可在'伟大母亲'之塑像的嘴中看到。"罗马人的迷信,使他们毫无障碍地接受并膜拜石头形状的神母;罗马人的常理,又使他们认为神母至少得有个人形,而石头则被置于雕像的嘴中。

至此很多地方已经说清楚了。但仍有一些问题遗留。为何赫西俄德作品中的石头用襁褓布条包裹起来?我不知道,但这种仪式做法是得到证实的。保萨尼亚谈到这个克罗诺斯石是如何被涂油并用羊毛包起的。[19]麦当劳《寻宝目录》(Macdonald, *Hunter Catalogue*)(ii. 68. 145)中的一枚金币上,有用羊皮包起的神母之石。这可能只是因为禁忌,正如瓦罐上的浮饰(omphalos)通常用 $ἄγρηνον$(网)包起,而闪米特之绿柱石也用布包住。触碰神的实体是危险的;但除此之外,似乎石头和婴儿有某种特殊关系。有一部叫做《立提卡》(*Lithica*)的奥菲克诗歌(Orphic poem),其中充满了巫术石头,这里可以引以为例。比如"李维西德利特"(Live Siderite)。这个石头必须像神一样受人祈祷,必须连续十天每天清洗,护理,用干净的袍子包好,像婴儿一样。在这之后,它将回馈照顾它的人,发出饥饿的小婴儿一般的尖叫声;然后,诗人说,重要的事情是别把它弄掉了。[20]

普鲁斯告诉我们,在一些墨西哥舞蹈中,婴孩的灵魂像五块石头一样

---

[19] Paus. X. 24, 5; 参见 ix. 2, 7 和弗雷泽的注释。

[20] ……(*Lithica*, 360—99)。

来到空中。恺提实人(Kaitish)和阿伦达人认为,有一些石头里居住着婴儿的灵魂,可以用种种方法将其引出,降生人世。而我们都记得丢卡利翁和皮拉(Deucalion, Pyrrha)投掷的石头,以及那些 ἀπὸ δρυὸς ηδ' ἀπὸ πέτρης(从树及岩石中)诞生的人类。[21]

然而,为何要吞噬石头?一系列吞噬意味着什么?宙斯吞噬墨提斯显然是为了使她的玛娜在自己体内,这很合理。那么药师或 Theoi 真的会吞噬平滑的石头,以得到其中火的力量或其他灵力吗?在墨西哥,治病时从身体里吸出的魔鬼通常是以石头的形式出现。例如,在惠奇(Huichol)部落的仪式中,启明星"凯乌马利"(Kaiumari)从众神身上"吸出石头那样的东西",使他们恢复力量。[22] 这样的行为在澳大利亚黑人中很普遍。

马雷特先生告诉我一个更好的例子。在新南威尔士的尤因(Yuin)人中,有"卓娅"(joïa)一词,意思和玛娜很接近,用来表达神圣动物中的非物质存在,同时也正是此类巫术石头的名称。这种石头通常是石英结晶或玻璃碎片;但我们也听说"库玛布伦"(Kunambrun),一种黑色的石头,显然它属于试金石一类。黑色石头或许代表着雷电。药师们经常含着这种石头,当他施咒语或祝福时,他会把石头"如风一般"送向对象,意思是既不可见也不可及。[23]

真的要吞噬石头是很奇怪的,除非这仅是骗人的把戏。但我曾认识一个澳大利亚黑人——我没想到要问问他的部落——他经常把石头放在嘴里,并把它赠予或卖给周围的男孩们,似乎它有咒语的效力。这些石头绝对能够抵达目标,除非这是个很坏的目标。我想他大概放了许多自己的玛娜在里面。贝拉米(Bellamy)博士 1907 年的白皮书报告中,巴布亚

---

[21] 参见 Spencer and Gillen, *Central Australia*, p. 337. Dieterich 有几个例子,Muttererde, pp. 20 f. 这种信仰十分普遍。

[22] Preuss, in *Archiv für Rel. Wiss.*, xi. 576.

[23] Howitt, *Native Tribes of South-East Australia*, pp. 371, 533 ff., 546.

酋长令人致死的方法之一，就是把一块平滑的石头送给那人。那人知道石头的意思，于是死了。贝拉米博士用气味强烈的盐驱走了魔鬼，治愈了其中一些人。酋长应该是将他的玛娜以一种很强烈的方式放进了石头中。

最后，这个故事中还有一个元素，需要比我更好的人类学家来解答；这就是经常出现的"匿藏"、"隐藏"元素。乌拉诺斯（157）在大地中的一个秘密所在"匿藏"了他所有的孩子；这使大地疼痛，她被他们挤弄着，发出呻吟。大地又（482）接受了宙斯，把他匿藏在一个山洞里。克罗诺斯"把石头放在（自己）里面"，这显然也是一种匿藏。泰坦人被克罗诺斯（729）"藏起来"κεκρυφατο，直到宙斯把他们再次带到阳光下。最后也是最重要一点，宙斯把火从人类那里"藏起来"，κρύψε δὲ πῦρ。

最后的事情很清楚，宙斯把火藏在火石的心里，或者大地的血脉里；普罗米修斯,（Prometheus, Pramanthas）即火-棍，带来了更显而易见的明火。但是前面数个例子则不同。总是某个王，或即将成为王的人，或被抛弃的神祇，或被征服的竞争者，被迫消失了。这令我们想到在战场上消失的雅典娜和拉提努斯，以及在雷暴中消失的罗慕路斯和纽玛。

其中一次，隐藏的地点是"恐怖的山洞"，也是克里特的一个山洞。我们从其他地方得知在这么个山洞中的"匿藏"是怎么回事。我在《希腊史诗的起源》(*Rise of the Greek Epic*) 127 页曾引述过几个作者的说法，之前提过的库克先生的文章中有更详细的引用，这些作者说，在致命的九年之后，神圣的国王米诺斯戴着面具，作为神祇进入了依达山洞与宙斯交谈。无疑有个神圣的面具遮住了他的头。一个戴着面具的米诺斯进去了，一个戴着面具的米诺斯出来了；但人们不禁怀疑面具下的是不是同一个人。我的朋友戈登(Gordon)先生，一位南尼日利亚的教育官员，告诉我那里的一个名叫"长啾啾"的山洞里有伟大的神谕试炼。它可以仲裁诉讼人的案件或人们之间的纷争，方法是两方都进入山洞，只有一方回来。另一方，道理上来说有罪的那一方，消失了；他"被藏起来"了，

κέκρυπται。

在前希腊的史诗情景中,这些半历史的背景中,我们接触了许多神-王,或药师-首领,接触了这些 βασιλη̂εσ"瓦西利王"——或如我所认为,这些 Theoi"神"。我们不禁会想,我们是否对希罗多德关于希腊宗教的起源的论述(Herod. ii. 52)有了更深的解释。他告诉我们佩拉斯吉人本来并不知道奥林匹亚诸神的名字,"他们向 Theoi 献祭并祈祷"。一段时间之后,他们才向多多那(Dodona)询问是否应该祭拜那些确切的、有着各自的名字和特性的神祇,以及"奥林匹亚家族"——他们进入了希腊,但还是有些陌生,而神谕回答:"是"。我知道这一段有不同的解释,而且我并不认为希罗多德在对比佩拉斯吉人无名的 Theoi 与荷马赫西俄德的奥林匹斯诸神时,清楚地知道其中的深层含义。但我确实怀疑这些药师-首领和荷马诸神之间的对比,正是希腊和前希腊宗教之间的主要分别之一。而这种差异在希罗多德所继承的叙述传统中回响着。我相信将来更有学问的人类学家能够对此提出更清晰的证据。

第四讲
希腊、意大利巫术

F. B. 杰文斯

希腊语的"巫术"μαγεία 和"巫师"μάγοω 这两个词来自波斯;在波斯战争——大约公元前 480 年之前,这两个词还没有进入希腊。因此赫迟菲在 1863 年的文章(O. Hirschfeld, *de incantationibus et devinctionibus amatoriis apud Graecos Romanosque*)中推论说,在波斯战争以前,希腊人既不知道巫术之名,也不知道巫术之实。这是个自然而然的推论,却未必正确:一个部落可以在有巫术行为的同时,没有发展出特定的词汇来表达"巫术"。因此如果说希腊人和意大利人在公元前 480 年之前有巫术仪式,而没有词汇表达这一抽象概念,这种说法是可以接受的。重点在于实际做法而不仅在于词汇。然而我们对公元前 480 年之前的实际做法知道些什么? 很遗憾,莫斯(Mauss)在他为《希腊和罗马古物字典》(Daremberg, Saglio, *Dictionnaire des Antiquités Grecques et Romaines*)所写的讨论巫术的文章中告诉我们:"我们对意大利和希腊的巫术的原始/原本形式几乎一无所知。"既然我们几乎一无所知,那么或许只能从一个假设开始——假设希腊人和罗马人巫术的原始、原本形式和现今那些未开发的人们所拥有的巫术基本上一样,而这些人们就像最早期的希腊罗马人一样,也没有一个对"巫术"的统称。

在中澳大利亚的部落中,巫师在利用巫术使敌人患病或死亡时,从来不会省略土著人所谓"唱"这一步骤。"唱"的"声音低沉"(弗雷泽,《金枝》2, i. 13);而巫师"用含混沙哑的声音唱出"的内容是"愿你的心分为两半"或"愿你的头和喉咙断开"[1]。

在托雷斯海峡(Torres Straits),术士一边用矛指着受害者的方向,一边"唱"着差不多的内容:"刺进身体,去,去。刺进手中,去,去。刺进头里,去,去。"[2]据海登(Haddon)先生所言(ib., p. 231),"唱"可以"使他希望造成的伤害进一步加深"。那么,希腊人和罗马人是否有这种巫术性质的"唱"——某种有节奏的低声沉吟?首先,我们有拉丁词汇 incantare,incantator,incantamentum,全部暗示着某种带有巫术意图和效果的"唱"——对应英文的"咒"或"施法"。而 carmen 这一词汇,不仅指一般的"歌",也指巫术性质的"唱"[3]。希腊方面,ἐπάδειν,ἐπῳδή,ἐπῳδός 等词汇表示了同样的巫术吟唱[4]。

然而,我们也可以提出反对意见,说上述所引(见文后注释)皆是公元前 480 年之后的作品,因此无法证明"意大利和希腊的巫术的原始、原本形式"。确实,比如《巴克哀》(Bacchae),比如柏拉图的《理想国》中(Plato, Rep. ii. 364A)所讲到的巫术应该属于外来的,并非希腊原生。但幸好我们在荷马(Od. xix. 457)那里找到巫术意义上的 ἐπαοιδή 一词,它将相关的一系列带有巫术含义的词推至远远早于公元前 480 年。但是纵然荷马使用了这词,但还是有人坚持相信希腊人原本对巫术一无所知,在荷马或前荷马时代才从邻近的族群那里习得。但这种观点基本上无法证实,

---

[1] Spencer and Gillen, *Native Tribes*, 534ff. ,; *Northern Tribes*, 456ff.
[2] *Cambridge Expedition to Torres Straits*, vi. 228,229.
[3] 见 Tibullus(i. 8. 17), Ovid(Met. Vii. 167, 203, 253; xiv. 57,20,34,44,366,387; *Fasti* iv. 551,552), Horace(*Ep.* v. 72; xvii. 4,5,28; *Sat.* i. 8. 19,20), Virgil(*Ecl.* Viii. 69; *Aen.* iv. 487), Juvenal(Sat. vi. 133), Pliny(*Nat. Hist.* xxviii. 10, 18), Tacitus(*Annals*, iv. 22), 以及其他段落,请见 Adam Abt(*Die Apologie des Apuleius*,22)及 L. Fahz(*De Poetarum Romanorum Doctrina Magica*, 138,139)。
[4] 在 Euripides(*Bacchae* 234, *Hippolytus* 478,1038, *Phoenissae* 1260), Sosiphanes(*Fr.* I), Aristophanes(*Amphiaraus*, Fr. 29), Anaxandrides(*Fr.* 33. 31), Antiphanes(*Fr.* 17. 15), Xenophon(*Mem.* iii. II. 16,17), Lucian 和 Heliodorus, 其他段落可见 Abt(ib., p. 43)。

也令人难以信服。而且,"十二铜表法"(Twelve Tables)中规定了对"唱邪恶之歌"者(qui malum carmen incantassit)之惩罚,极有可能说明邪恶的"唱",在当时已经根植于意大利,并非刚刚引进;当然如同上述荷马的例证,对这个例证,也可以反对说在早期的族群中,意大利人以及罗马人,偏偏就是不会自己发展出这种信仰。这种说法当然也无法得到任何支持,没有证据,甚至连可能性都没有。要反驳这种意见我们只能依赖比较语言学方面的证据。有意思的地方在于,据施拉德所言[5],比较语言学的证据表明在印欧诸民族中,最常用的施行巫术的词汇大多数都是"唱"。因此我们可以假设巫术性质的"唱"可追溯至原始印欧人时期。语言学证据所能提供的最有力的假设也不过如此。斯拉夫、立陶宛、条顿语的词汇方面,可参考施拉德的著作。[6] 希腊、拉丁词汇方面,我可以在这里举出 βασκαίνω(施咒),βασκανία(咒语)——和 βάζω(讲)有关;γόης(巫师),γοητεύω(施术)——和 γόος(嚎)有关;fascinum(咒语),fascinare(施咒)——和 fari(说)有关。

如果我们把希腊、罗马人的 carmen,incantatio,ἐπαοιδύ和托雷斯海峡、中澳大利亚的"唱"联系到一起,应该不至于唐突。那么下一个问题是:到底巫师们"唱"的是什么?在托雷斯海峡显然"唱"的对象是矛,因为使用到的词语是"进入身体,去,去";斯宾塞与吉伦(Spencer、Gillen)也称在中澳大利亚"唱"的对象是棍子或骨头。然而当我们检视他们所列出的"唱"或施咒的用语时,发现对象并不是巫术仪式中使用的棍子或骨头,而是仪式针对之人:"愿你的心分为两半,愿你的头和喉咙断开。"似乎可以推论,"唱"或咒语原本的对象是受害者;之后,棍子或骨头本身才开始成为巫术对象——正如钱,本来是因其能购买东西而有价值,却被守财奴当成最终目的。

果真如此的话,便出现另一新可能性。在这里我只能提出设想,供来

〔5〕 O. Schrader, *Reallexikon der Indogermanischen Altertumskunde*, ii. 974.
〔6〕 *Reallexikon*, ii. 975.

者参详——最早期的"唱"或咒语可能与诅咒有关。某些诅咒或许需要神祇相助,但不是全部;很可能最早的那些咒语都直接产生作用,不需要神祇介入。卡利班(Caliban)在说下面这些话的时候并没有呼唤神灵:

> 太阳从沼泽泥潭中吸入的一切病源,
> 降临到普洛斯帕(Prosper)身上,
> 让他逐渐染上疾病!

> 或者

> 西南风吹在你身上,
> 让你全身长满水疱。

一般来说,可以说使诅咒闻者丧胆的并非是诅咒中可能提到的神祇——因为不一定会提到——而是施咒之人引起的恐惧。如果他无法引发恐惧,他的诅咒便不会被重视。如果诅咒使人害怕,那是因为人们相信它含有威力。巫术当中也存在着同样的区分。有些巫师被人畏惧,有些则不然;正是因为人们相信有些人有这种作恶的能力,有些人则没有。但即使巫术和诅咒同样是因为它们所引发的恐惧和暗示的力量而令人畏惧,即使目前为止他们十分相似,甚至可能起源于同样的心理,但是它们很快沿着不同的路线演化。诅咒的精髓在于公开大声地诅咒;而且诅咒并不是仪式化或正式化的,除非是被纳入宗教中的诅咒;而巫术的精髓则在于其秘密性,当中的"唱"是一种低声重复的或有节奏的呢喃。"愿你的心分为两半"这句话本身可以是诅咒或巫术;无论它是什么,人们如果害怕它,那是因为人们认为说话之人拥有力量。心理上来说,有可能是因为感受到恐惧而相信这种力量;但是当某人拥有力量的信念已经建立,那么反过来是信念产生恐惧。

这种信念,是相信巫师或巫女有做某些事情的力量。《麦克白》中第一个巫女说:

搭乘筛子我将驶往彼处；

像无尾的老鼠一样，

我会做，我会做，我会做。

在罗曼语系中有一系列指代"巫术"的词，根源皆在拉丁词语"facio"，表达了"我会做，我会做"的概念，并且暗示巫女有"做"的能力——中世纪拉丁语的 factura，意大利语的 fattura，古法语的 faiture，等等。在印欧诸语言中，有几组有关巫术的词汇，都在表达同样的概念，说明这个概念早在最早的印欧时代就有了。在梵语、立陶宛语和古斯拉夫语中，有一组相关的词汇，暗示了巫术是一种"行动"或"动作"，比如梵语 krtya。古挪威语的 görningar 表示"巫师或巫术"，其字面意义正是"做"；而在古斯拉夫语中，"巫术"（po-tvorü）一词是源于"做"的动词。下面我将举例说明对女巫之力量的信仰，首先是卡尼迪亚在《抒情诗集》(Canidia, Epodes)(xvii.77)中的句子：

用咒术

我能够把月亮从天空中夺走

我能够把死者从灰烬中唤醒

      et polo

Deripere Lunam vocibus possim meis,

Possim crematos excitare mortuos;

还有奥维德笔下的美狄亚(Medea)(《变形记》*Met*. vii. 206)：

我命令

鬼魂从墓穴中出来

      Iubeoque

Et mugire solum, manesque exire sepulcris;

及(《爱的医疗》*Rem. Am.* 253)：

从墓穴的阴影中被命令前往

>Tumulo prodire iubebitur umbra.

柏拉图的《法律篇》(*Laws*)(933A)更清楚地证明了对女巫或巫师之力量的信仰:那些敢用 ἐπωδαῖς"唱"造成伤害之人,他们可以这么做,因为信仰认可他们的能力,ὡς δύνανται τὸ τοιοῦτον,而受害者完全相信他们真的会受伤,因为施咒之人有使他们受伤的能力,ὡς παντὸς μᾶλλον ὑπὸ τούτων δυναμένων γοητεύειν βλάπτονται。

总结一下:巫师是被人恐惧之人,他拥有力量,并秘密地使用这种力量,低声沉吟着"愿你的心分为两半""愿你的头和喉咙断开"等等。这种低吟就是希腊人和罗马人的 carmen, incantatio, ἐπαοιδή, βασκανία, γοητεία,也是澳大利亚黑人的"唱"。我们可以轻易证明这种巫术之"唱"一直到古典时代晚期甚至后古典时代,仍然是这种低沉的细语呢喃。[7]

接下来我必须指出,澳大利亚和托雷斯海峡的巫师们不仅用话语,而且用木棍、骨头或矛指向受害者。为了达到所需的效果,这种姿势似乎和"唱"本身一样重要。事实似乎是这样:用木棍"指"这一肢体语言,与唱出的词句,表达着一样的意思。两者皆使巫师的力量前往击中对象,把他的心撕裂或者把他的头切开。接下来的问题是,在希腊/意大利的巫术中,是否有与这种澳大利亚所谓的"指"相应的东西,是否有与指着被诅咒者的木棍相应的东西?我只能提出 ῥάβδος 或 virga(棍、棒之类)——在《奥德赛》(x. 238, 319, &c)中,喀耳刻(Circe)用它来施展巫术;在《伊利亚特》(xxiv. 343)和《奥德赛》(v. 47)中赫耳墨斯(Hermes)用它迷惑

---

[7] 一条罗马法律(lex cornelia)谴责那些"qui susurris magicis homines occiderunt"(Just. *Inst.* iv. 18. 5)。奥维德写有"Carmen magico demurmurat ore"(*Met.* xiv. 57),以及"placavit precibusque et murmure longo"(ib. vii. 251);Tibullus(i. 2. 47)写有"iam tenet infernas magico stridore catervas"(其中 stridor = murmur,如 Sil. Ital. viii. 562);Apuleius(*Metamorph.* i. 3)写有"magico susurramine amnes...reverti,"以及(*de Magia*, c. 47)"et carminibus murmurata";还有 Aristaenetus(*Ep.* ii. 18)的 ὑποφθεγγόμενος ἐπικλήσεις καὶ ψυθυρίξων ἀπατηλῶν γοητευμάτων λόγους φρικώδεις,在希腊巫术纸莎草纸中 ποππυσμός, στεναγμός συριγμός 有同样的意思和用法(Wessely, *Pap.* CXXI, 833—5)。

人,雅典娜也用它来使尤利西斯(Ulysses)变形(xvi.172),它很可能是上述原始棍子的文学版本或残留,它成了魔杖。而魔杖正是巫师装扮的常见部分。

巫师用他的棍棒进行击打或捅刺的动作,应是直接能对受害者产生效力,不需要做其他的事情,但是通常巫师并不满足于仅仅用棍子指向受害者的方向。为了确保准确打中心脏或头部,巫师会用黏土或蜡或木头,制作一个受害者的粗略的图形,并把木棍插在适当的位置。野蛮人混淆了相似与相同——就是文明人有时也难免不大分得清。巫师想要造成的打击,和他实际上用棍子做的捅刺动作是十分相似,这是刻意的模仿,并且被认为是相同的;如果巫师有力量,便能证明两者确是相同的。人们也相信,人像并不只是"像"受害者,而是在某种程度上与他"相同",受害者会和人像一起在同一时间受到相同程度的痛苦与伤害。欧及布威族印第安人相信"当针刺穿人像、当箭射中人像,敌人会在同一时刻、在相应的身体部位感到尖锐的痛楚"[8]。我不需要引用澳大利亚或非洲的例子来证明;不过,《梨俱吠陀》(*Rigveda*)(iii.523)以及《阿闼婆吠陀》(*Atharva-Veda*)(i.7.2)证明了这种做法上溯至印欧时期;而在拉丁也有物品类似的被针刺穿的人像,奥维德(*Heroides* vi.91,92)写道:

(她)刺穿蜡质的人像,
将细细的针推入他们可怜的肝脏。
Simulacraque cerea fingit,
Et miserum tenuis in iecur urget acus.

希腊人使用蜡质人像的例子,可见于柏拉图《法律篇》(933B)。其中提到人们感受到的猜忌警惕, ἄν ποτε ἄρα ἴδωσί πον κήρινα μιμήματα πεπλασμένα (如果他们发现蜡像)。[9] 休克利图斯(Theocritus)作品中

---

[8] Frazer, *G. B.*² i.10.
[9] 其他例子可参见 O. Kehr, Quaest. *Mag. Spec.* 12f。

讲到的蜡——καρόν,虽然并没有明确的描述,但应是人像无疑;既然说到这里不妨插一句:虽然各民族的巫术细节大相径庭,用途多变,但所有民族都无一例外地用巫术处理两件事:爱情与死亡。目前为止我探讨的多是后者。现在我将转向前者,我将简要说明引导爱情和引导死亡的巫术方法是完全一样的。达到这种目的的力量对另一种同样有效。

我们讨论过,死亡巫术中的要点在于施行者相信自己拥有力量,而其他人也必须相信这一点。巫师必须做的只是使出他拥有的力量;他通过语言或肢体语言来做到这一点。同样在爱情巫术中,托雷斯海峡的年轻男人在自己太阳穴上涂上某些植物制成的糨糊,然后"尽可能热切地想着那个女孩"[10]并对自己说:"你来!你来!你来!"哈登(Haddon)先生告诉我们,"当地人十分相信字句的力量和意念的投射"(220);当某个年轻人做足了这些事前准备,在舞蹈场合或任何女性会在场的聚会中,"那个女孩便无法拒绝,一定会跟他走"(221)。在罗马有相同的对言辞的信仰:维吉尔在《牧歌》(Virgil, *Eclogue*) viii 中模仿了休克利图斯,但在某些细节处有所差异,其中一个差异显示了罗马人对 carmen、对言辞力量之信仰。休克利图斯写道:

ἴνγξ ἕλκε τὺ τῆνον ἐμὸν ποτὶ δῶμα τὸν ἄνδρα,

而维吉尔写道:

我的咒语引领达沸涅斯,引领他离开城市来到家中。

Ducite ab urbe domum, mea carmina, ducite Daphnin.

普洛佩提乌斯(Propertius)(iv. 4.51)也证明了咒语力量:

哦!我多希望能知道一些缪斯的咒语!

O! utinam magicae nossem cantamina Musae,

还有奥维德(*Her.* vi. 83):

---

[10] *Expedition to Torres Straits*, vi. 221.

也不是她的美德赢得你的心,而是她所知的咒语,
Nec facie meritisve placet, sed carmina novit,

还有塞内加(Seneca)(*Herc. Oet.* 464):

我们会使他动摇,我的咒语会觅得方向,
Flectemus illum, carmina invenient iter,

还有卢肯(Lucan)(vi. 452):

塞萨利的咒语连铁石心肠都能融化
带来反常的爱。
Carmine Thessalidum dura in praecordia fluxit
Non fatis addictus amor.

还有提布鲁斯(Tibullus)(i. 8. 23):

这什么哀哀地埋怨那些咒语的伤害、埋怨那些药草?
Quid queror heu misero carmen nocuisse, quid herbas?

下一步,如同在死亡巫术中制造并伤害人像比起仅仅用棍子"指"向敌人来得更有效,在爱情巫术中也可以使用蜡质人像,人像所模拟的对象将随着它的融化陷入爱情中:

随着这块蜡的融化
在同一火焰中,达佛涅斯的爱也一起融化。
Haec ut cera liquescit
Uno eodemque igni, sic nostro Daphnis amore.
Ecl. Viii. 80.

贺拉斯(Horace)提到把蜡质人像扔进火焰中烧掉:

蜡质人像
燃起熊熊火焰。

> Imagine cerea
>
> Largior arserit ignis.
>
> *Sat.* i. 8. 43.

如果人们认为疾病以及随后而来的死亡,是由于某些拥有并使用神秘力量的邪恶之人所引起,也就是说由巫术引起,那么其中的假设显然是:疾病引发死亡并不是普通的自然过程,一定是某些人拥有扰乱自然轨迹的手段与力量。这种巫术观念当然不限于低层次的文化;昆提利安(Quintilian)给巫术下的定义是"cuius ars est ire contra naturam"(违反自然的技艺)(*Declamationes* x. Sub fin.)。而疾病的治愈术,则自然而然等同于导致疾病的力量之反作用。必须找到某个拥有相等甚至更强力量的人;他用与制造疾病者同样的方法施为,不过目的相反。制造疾病者向他的受害者"唱"——低声有节奏地沉吟"愿你的心分为两半"等等,或者如哈登先生所描述的托雷斯海峡土著一样"尽可能热切的想着"(221),或"投射他的意念"。印欧民族的治病者以完全相同的方法施为;他也有他的 carmen,ἐπῳδή,用来对病人"唱"。根据《阿闼婆吠陀》(iv. 12)记载,治病者唱道:

> 骨髓连接骨髓,肢体连接肢体。
>
> 重新长出萎缩的肉,然后长出每一根骨头。
>
> 骨髓现在连接着骨髓,并让皮毛层层相生。

著名的梅泽堡(Merseburg)咒语形式也差不多:"让骨头与骨头、血与血、肢体与肢体连接。"卡图(Cato)笔下对"扭伤的四肢"很有用的"辅助咒语"(carmen auxiliare, luxatis membris),可能也属于同样的类型(Pliny, *Nat. Hist.* xxviii. 21)。在波斯古经《阿维斯陀》(*Avesta*)中,有一特别的词语代表吟唱性的治疗——mathro-baesaza。《奥德赛》(xix. 457)中,用来使奥德修斯的伤口停止流血的 ἐπαοιδή 也是相同类型的"唱"。罗马人方面,普林尼(Pliny)说(*Hist. Nat.* xxviii. 29)"有咒语可以驱走冰雹和各种疾病"(carmina quaedam exstant contra grandines contraque morborum genera)。而希腊语 φάρμακον 一词对这种治疗效果有双重的证明；它在语源学上与立陶宛语中巫术性质的"唱"的词汇有关联，证明它原本是一种 επαοιδη——咒语或解咒语；另一方面，在所有希腊文献中这个词都被用来表示毒药和解药：

> 许多有益的药……许多有毒
> φάρμακα πολλὰ μὲν ἐσθλά... πολλὰ δὲ λυγρά
> Od. Iv. 230.

拉丁语的 mederi, medicus, medicina, 就像《阿维斯陀》中相应的 vi-maδay，起源于一个意为"智慧"的词根——"有智慧"的女人的智慧。"美狄亚"这个名字同属一类，意思是"智慧的"女人；这种智慧，原本应该是指掌握了"可以驱走各种疾病的"咒语(carmina contra morborum genera)和草药，正如 ἰατρός 和 ἰητήρ(医生)之称可能来源于 ἰός(病毒)，因为他和药物打交道，这些药物根据其不同用处，可能是毒药，也可能是解药。希腊的 ἰατρός(医生)最早是用安抚性的咒语施加治疗，这一点可从品达(Pindar)(*Pyth.* iii. 55)作品中看出，他说凯龙(Chiron)把他的病人从各种痛苦中拯救出来，这无疑重现了当时的信念：

> 他用轻柔的咒语安抚他们，
> 给他们镇定的药水，用各种药物包裹他们。
> τοὺς μὲν μαλακαῖς ἐπαοιδαῖς ἀμφέπων,
> τοὺς δὲ προσανέα πίνονταζ, ἢ γυίοις περάπτων πάντοθεν φάρμακα.

在任何时代，"暗示"都是很好的治疗；但只有当病人相信治疗者有能力，而且会使用此能力帮助他的时候，"暗示"才是有效的。早期的药师施展这种能力时，或者用肢体语言表示力量从他们身上发出，或者用话语来表示他战胜了疾病。不管是哪种，他施展"信仰治愈术"的手段，和那些不怀好意的巫术力量拥有者导致疾病或死亡的手段是一样的,都是用话语或姿势——"唱"或"指"。

在巫术信仰者的意识里,一个人的造像不仅与他相似,而且神秘地等同于他,因此重创人像能被当事者感受到。人与人像紧密相连,一如曲线之内外;同样,在巫术信仰者的意识里,一个人的名字也和他本人关系密切。因此,作为预防措施,人的名字通常非常秘密的;而城市或神祇的名字也同样需要保密。毫无意外,巫师将人名与人像作同一用途,因为名字比起任何和他相似之物,更加紧密地指向此人;我们可以看到人之名与神之名经常十分隐秘,这是因为人们相信且认定控制了名字等于控制了本人。因此,名字和人像一样可以被巫师用来做坏事。野蛮人反对照相的原因为人熟知——正是因为他们觉得他们自身会随着他们的相似品一起被相片拥有者掌控。图形符号、书写、如尼字母(runes)等一开始被无法理解的人们看做是神秘且有魔力的,看做 σήματα λυγρά(邪符)。书写下来的人名,如同人的相似物或蜡像也与本人的身份紧密相连。巫师可用名字做人像同样的用途。如果澳洲维多利亚的土著巫师可以"在地上画一幅大致相似的人像"[11],如果"在东爪哇可以用在纸上画人像,然后将其烧毁或埋在地下这种方法杀掉敌人"[12],那么显然也可以如此对待他的名字——与他相等之物,并得到相同的结果。把名字写下来、捶打、焚烧或埋到地下,就可以产生想要的结果。欧及布威印第安人用针刺穿敌人之人像,而希腊罗马人则把敌人的名字写下,用钉子钉住,然后埋到地下。这个过程叫做 κατάδεσις 或 defixio。伴随着锤子的最后一击"钉死了他"。被钉死的是名字,一如被刺穿的是人像。这并不是猜测,有这种用途的板块流传至今,[13] 上面明明白白写着(第 20 行)ὄνομα καταδῶ(钉死名字),还明明白白地说道 ὄνομα καταδῶ καὶ αὐτόν,"我钉死了他之名,亦即他

---

[11] Frazer, *G. B.*² i. 12.

[12] ib., II.

[13] *C. I. A.*, *Appendix continens defixionum tabellas* 57.

之人",对于钉住名字是否等于钉住敌人本身、一如用针刺穿人像是否等于刺穿敌人本身,已经不需要有任何怀疑。名字与人自身之等同,得到了明确的表示;这与人像,或人的相似物与人本身的等同是一回事,凡有巫术之处就有人像等同人之假设。

或许我应该在这里顺便一提,除了名字或人像,还有其他东西可以"钉"。比如脚印、野蛮人以及欧洲农民皆有此例。同样,普林尼告诉我们,人们患的癫痫症可以通过"钉"来祛除,方法是把铁钉钉入病人倒地时头碰触的地方("clavum ferreum defigere in quo locum primum caput fixerit corruens morbo comitiali absolutorium eius mali dicitur")。无疑这种"钉"的做法在早期意大利就有了,因为很久以前如果虫害肆虐,执政官会把钉子钉入朱庇特之墙(Cella Iovis)中,以停止虫害。或许"钉住光线"clavus trabalis,一种可怕的必需品 dira Necessitas(Horace, *Odes* i. 35. 17. iii. 24. 5),也属于同类概念。[14]

这里或许我还应该说,既然这些"钉咒之板"(defixionum tabellae)上钉有钉子,那么无疑动词 καταδέω 和名词短语 κατάδεσις 和κατάδεσμος 的用法应该是指把钉子嵌入,或用钉子钉牢(如品达在 δῆσεν ἁλοις 里面用了简单动词 δέω,*Pyth.* iv. 71),而不单单指"系住"。同样,在 *D. T. A.*,96、97 中,ἔδησα τὴν γλῶτταν 与 κέντησον αὐτοῦ τὴν γλῶτταν 为可互换的词组,表达相同的意思,即"刺穿"或"钉住",而非"系住"。

欧及布威印第安人、澳大利亚黑人、托雷斯海峡的土著在施巫术时并不呼唤任何神祇的帮助,同样,希腊人"钉死"别人也不需借助神灵;我们拥有充分的铭文证据,将近三分之一的阿提卡板块(Attic tablets)上面写有姓名,姓名的位置被钉子穿过;带有καταδῶ或καταδίδημι(钉死)字样的还要再多三分之一,其中并没有提到任何类型的神。同类的拉丁板块,

---

[14] 参见 Kuhnert 关于 *Defixio* 的文章,发表于 Pauly 的 *Real-Encyclopädie*。

和阿提卡板块一样,是用铅做的,被钉子穿透,经常也只写有姓名,而没有任何其他内容。而塔西佗(Tacitus)(*Ann*. ii. 69)提供的证据更直接:"carmina et devotiones et nomen Germanici plumbeis tabulis insculptum."(咒文和格马尼库斯的名字被刻在铅板上)。当然这种板块大多数是从墓穴中发掘出来的。但是,如果企图用这一事实证明这些没有提到神祇的板块的作用是向死者致意,那么首先必须证明这种板块只存在于墓穴中。事实上,有一份巫术草纸(CXXI, vs. 458)上的指示写明了这种板块应该放置在什么地方——ἢ ποταμὸν ἢ γῆν ἢ θάλασσαν ἤγουν ἢ θήκην ἢ εἰς φρέαρ(河里、土里、海里、洞里、坑里)。这样一来,为什么大多数保存下来的板块是在墓穴中这一疑问,有一个直白的答案:许多板块,或许是大多数板块,都被扔进河里、海里、废弃的井里(εἰς φρέαρ ἀχρημάτιστον, *Pap. Anast.* 351),一如在苏格兰,敌人的泥塑像被放在火中(*Albany Review*, iii. 17, p. 532),因此无法流传到我们手上。

我们之所以甚少发现这种板块,原因很简单,将它们藏起的人极不愿意让别人发现。绝不能让被"钉"之人得知此事,否则他可能会解除咒语,并报复施咒者。板块被封藏起来的原因也是如此(通常是在墓穴中,因为人们不愿靠近坟墓),施法者小心地不让自己的名字出现,以免咒语动摇。虽然大多数板块都发现于墓穴中这一事实本身并没有很大的重要性,但确实许多阿提卡板块,以及大多数的拉丁板块,都直接而清晰地呼唤神祇,于是似乎可以断定所有的这种板块都向神灵致意。这是普遍的观点,如温施(Wuensch)在《阿提卡铭刻全集》(*Corpus Inscriptionum Atticarum*)中便持有这种观点;一般认为即使没有提到神祇,也应该假设人们向神灵,或某些神灵祈祷,施咒者写下敌人名字、用钉子将其刺穿,希望神灵满足自己邪恶愿望。而我大胆提出另一假设:原本 defixio 或 κατὰ δεσμος 是纯粹的巫术;后来才在原本的咒语上加上了对神灵的求助;最后,要么巫术元素被宗教元素征服,要么相反。为了搞清楚到底哪种解释才是正确的,我们首先要搞清楚板块的书写者脑海中,是谁去钉住、谁去刺穿、谁去使对方遭受痛苦。是板块的书写者？还是神灵？如果是书写者，那么这个程序的本质便是巫术；如果是神灵，那么它的本质便是宗教。我们可以同意不提任何神祇不代表书写者脑子里没有他们，但决定性的问题在于，**谁去"钉"**？书写者是否有力量做此事？还是需要让神灵来做？问题非常直接，答案也非常简单：在许多甚至大多数的阿提卡板块中，有此力量的是书写者。他施行这种力量。他说：τούτους ἅπαντας καταδῶ(43)，τούτους ἐγὼ καταδίδημι ἅπαντας(55)(吾将其钉住)；他使用力量时，提到神灵、想到神灵的程度，不会高于用木棍"指"的澳大利亚巫师，也不会高于德国农家女孩"夜晚在巫术之烛火之下，把针钉进光中，念叨'我刺穿了光，我刺穿了光，我刺穿了心，我爱"〔15〕。

另一方面，有些板块上，作者并不宣称要"钉住"敌人，也不宣称自己有此能力，而是祈祷神灵来做此事，并且使用了祈使句"请钉住他的舌头"κέντησον αὐτοῦ τὴν γλῶσσαν(97)，"打破吧，钉住吧"ἄξον καὶ καταδήσον(xxiii)。

在这种板块上，"运作模式"(modus operandi)不再是巫术，完全是宗教性的了；惩罚的力量完全掌握在神灵手中，需要呼唤他们来行使此力量。我们可以追踪演变的过程——一种板块是如何变成另一种，或者说一种板块是如何被另一种取缔。让我们用板块自身来说明。在这个过程的第一步，书写者一开始先用一种传统巫术的形式说道："我钉住，或困住我的敌人。"但是接着，为了得到双重保障，又加上了对神灵的祈求。因此在铭文81中他说"赫尔墨斯助我惩处敌人"καταδέω τοὺς ἐμοὶ ἐχθροὺς πρὸς τὸν Ἑρμῆν。其中一些铭刻(87)时间可追溯至公元前4世纪。每次提到赫耳墨斯时，几乎总是附带修饰短语"掌握者"κάτοχος，如87中

---

〔15〕 sticht um Mitternacht in eine unter Beschwörungen angezundete Kerze einige Nadeln und spricht: 'ich stech das Licht, ich stech das Licht, ich stech das Herz, das ich liebe' (Schonwerth, Aus der Oberpfalz: Sitten und Sagen, i, p.127)(from the Upper Palatinate: customs and legends, i, p.127).

"所有人乃由掌握者赫尔墨斯束缚"τούτους πάντας καταδῶ πρὸς τὸν κάτοχον Ἑρμῆν。此短语并非无意义的，因为其相应的动词"掌握"κατέχω，在这些板块中作祈使语形式，和κατάδησον"请束缚"一样。因此在88中对赫尔墨斯的祈求是这样的："赫尔墨斯，快点掌握他的舌头"Ἑρμῆ κάτοχε, κάτεχε φρένας γλῶτταν τοῦ Καλλίου。不过赫尔墨斯不是唯一一个带有这个短语、用到这句祈使句的神祇，在101中用"掌握者盖伊"Γῆ κάτοχος 来形容大地之神"盖伊"（Ge），而在98中祈祷语是"吾友大地盖伊，请掌握此人"φίλη Γῆ, κάτεχε Εὐρυπτόλεμον。在流传下来的板块中，似乎只有赫尔墨斯和盖伊两个神用到了短语κάτοχος（掌握者）和动词κατέχω（掌握）；波克（Boeckh）认为（C. I. G. 539）大地和赫尔墨斯一开始（我们或许还要加上，完全与巫术无关地）被称为κάτοχοι（掌握者），是因为他们保管着死去的人，不让他们回来。这个见解十分合理。然后，当钉住或系住活生生的敌人之巫术盛行后，通过轻易的概念转换，原本只是负责保管死者的神灵，现在被召唤来留下并禁锢活人："vocis vis ad καταδέσμων rationem translata videtur, ut iam κάτοχοι θεοί essent ii, qui defixos a magis homines detinerent"（声音的力量传达，"掌握"之神禁锢被巫术钉住之人）。因此大地和赫尔墨斯受到召唤，以加强巫师的"束缚力"κατάδεσμος。事实上，一块在亚历山大（Alexandria）发现的铅板上明白地写明了这一点。[16] 铭文96和97显示神灵被召唤来对某个已经完成的仪式施加影响，板块一开始就说明了巫术仪式已经完成，"吾已束缚此人的舌头及灵魂"ἐγὼ ἔλαβον καὶ ἔδησα τὴν γλῶτταν καὶ τὴν ψυχὴν κτλ，然后才祈祷神灵，"请钉住他的舌头"κέντησον αὐτοῦ τὴν γλῶτταν κτλ。此处祷告实际上是巫术仪式的下文。同样，奥维德（Fasti ii. 575）曾经描述了同一类型的仪式，作为穆塔女神（Dea Muta）之祭祀的一部分，仪式结束处宣称：我们——即进行了仪式的

---

[16] Wuensch, p. xv: πότνια Γῆ ὁρκίξω σε κατὰ σοῦ ὀνόματος ποιῆσαι τὴν πρᾶξιν ταύτην καὶ τηρῆσαί μοι τὸν κατάδεσμον τούτου καὶ ποιῆσαι αὐτὸν ἐνεργῆ。

老女人——"束缚了敌人的舌头和嘴""hostiles linguas inimicaque vinximus ora";她将铁钉穿入一条麦娜鱼(maena)的头部。然而,阿提卡板块显示出来的演化过程中,可见到一种趋势——这种"下文"之重要性与分量与日俱增,直到巫术逐渐萎缩甚至消失。比如,98 的开端还是原本的"吾已钉住"Εὐρυπτόλεμον καταδῶ,但是后面全部都是一篇真正的祷告,"吾友盖伊请掌握,吾友盖伊请助我"φίλη Γῆ κάτεχε, φίλη Γῆ βοήθει μοι。然而,注意到阿提卡板块此种趋势的同时,我们也该注意,在罗马帝国期间,总的来说巫术性元素大大增加,直到完全将宗教元素驱逐。一切神灵,不管来自何种宗教,希腊的还是罗马的,在这些后期铭刻上都被提及。但是它们却是被巫师召唤来执行他的命令、达到他的目的:在公元 3 世纪的哈卓米丹(Hadrumetan)板块上,召唤神灵是为了让他去抓住乌巴努斯(Urbanus),"去找乌巴努斯"ἄπελθε πρὸς τὸν Οὐρβανὸν καὶ ἄξον αὐτόν(Wuensch, p. Xvii),而召唤他的女士拥有命令他的能力,因为她知道一个"神奇而强大的法术"ὀνόματος ἐντείμου καὶ φοβεροῦ καὶ μεγάλου,能强迫他服从。而他不可稍有耽搁:铭文以"快快完成"ἤδη ἤδη ταχὺ ταχύ结束。

这些"钉咒之板"的历史,显示了一个起源于纯粹巫术的仪式,在其演变的过程中,是如何分为两个方向的:它可以变成一个实际上的祷告,也可以发展成由巫师控制神灵的巫术。在最早最纯粹的"钉咒"巫术中,巫师或巫女用钉子穿透被写下来的受害者名字,也可能穿透受害者的蜡像。奥维德(Amores iii. 7. 29)告诉我们,女巫把受害者的名字写在蜡上,将它穿透(sagave poenicea defixit nomina cera)。巴黎草纸(Parisian Papyrus)316 上,被这样对待的是 τὸ ὄνομα τῆς ἀγομένης(罪者之名);拉丁"钉咒"中的术语是"杀掉那些名字"(neca illa nomina)[17]。施法者将钉子刺入蜡像中,并按照巴黎草纸[18]的指示念道 περονῶ σου τὸν ἐγκέ

---

[17] Fahz, *de poetarum Romanorum doctrina magica*, p. 127, n. 4.
[18] *Rhein. Mus.* xlix. 45ff.

φαλον(钉住你的头),同样在阿提卡板块中施法者会念道 τὴν γλῶτταν καταδῶ χεῖρα αὐτοῦ καταδῶ(钉住喉咙,钉住双手)然后将一个或数个钉子钉入有这些词句的铅板中。随着时间流逝,刺穿或融化蜡像本身不再被视为有效了,它们仅为某种即将产生的效果之象征,而念叨的内容变成"随着这块蜡的融化,达佛涅斯的爱也一起融化"(haec ut cera liquescit, sic nostro Daphnis amore),所以在"钉咒之板"中(e.g. *C. I. L.* viii, suppl. n. 12511),召唤神灵、下达指令之后,为了使事情更清楚明白,咒文接着说明受害者的腿、手、头,要被钉住,如同这一禽鸟的脚、手、头(ὡς οὗτος ὁ ἀλέκτωρ καταδέδεται τοῖς ποσὶ καὶ ταῖς χερσὶ καὶ τῇ κεφαλῇ, οὕτως καταδήσατε τὰ σκέλη καὶ τὰς χεῖρας καὶ τὴν κεφαλὴν καὶ τὴν καρδίαν Βικτωρικοῦ τοῦ ἡνιόχου)。这一片板块发现于迦太基(Carthage),它的年代比较晚;请求对象是一位天上的神灵,他骑在有翼的神兽上(τοῦ καθημένον ἐπὶ τῶν Χερουβί)。这块板块以及同一时期类似风格的板块上,值得注意的一点是它们都没有提到巫术主人、为了他而施行巫术并控制神灵之人,曾经遭到不义的对待。另一方面,阿提卡那些更早一些的板块中,特别是那些有成为祷告的倾向之板块中,祈求神灵的基础,要么是有些不公不义的事情,[19] 要么是害怕某种伤害。[20] 在塞浦路斯如果某个敌人使人害怕,可以祈求力量使他迷惑(φιμώσουσιν τὸν ἀντίδικον ἐμοῦ),而驱逐仪式被称作 φιμωτικοῦ καταθέματος 或 παραθήκην φιμωτικήν(施惑术)。于是,我们便可以大胆地说,祈求神灵之正义这一行动本质上是宗教性的。板块中的巫术和宗教的混合,显示在一些神灵崇拜者的眼中,巫术和宗教之间并没有不可调和的对立。相反,他们显然觉得召唤神灵协助巫术仪式是可取的,正如可以祈祷他们

---

[19] 如 98 结尾处有这些字句:φίλη Γῆ βοήθει μοι ἀδικούμενος γὰρ ὑπὸ Εὐρυπτολέμου καὶ Ξενοφῶντος καταδῶ αὐτούς.

[20] ἔι τι μέλλειε ὑπὲρ Φίλωνος ῥῆμα μοχθηρὸν φθέγγεσθαι, 然后 τὴν γλῶσσαν καὶ τὴν ψυχὴν αὐτῶν κέντησον(97)。

在一些性质更普通的行动上提供助力。巫术只不过是其中一种达到目的的手段；它是一种对好的目的和坏的目的同样有效的手段。巫师是拥有力量的人，他可以用来作恶，也可以用来为善。他可以使用力量去引发疾病、带来灾难；但是他也可以用它来治病、来封住作恶者的嘴。他可以用巫术来造雨，使用巫术的同时也可以祈求神灵来达到同样的目的。这种人可能拥有非同寻常的个人能力，至少人们通常会认为如此；他们没什么原因不去召唤神灵使用力量实现他们的意愿，但是只有在可祈祷的神灵存在的情况下他才能向神灵祈祷。另一方面，即使这种神灵存在，他也可能倾向于忽视他们、甚至限制他们，特别是当他的目的是遭受神灵谴责的行为时。也就是说，他所拥有，或人们认为他所拥有的非比寻常的个人能力，本身既不能说是宗教的，也不能说是非宗教的。它可能会逐渐变成其中一种，或逐渐被人们视作其中一种。如果它被认为是非宗教的，或者说只要它被认为是非宗教的，便会遭到谴责："汝不该让巫女生存"，这和德摩斯梯尼（Demosthenes）引用的雅典律法同出一辙 φαρμακέα καὶ φαρμακίδα, καὶ αὐτοὺς καὶ τὸ γένος ἅπαν ἀποκτεῖναι(c. *Aristogit*. i. 793)。单从这点看来，似乎将巫术和宗教彻底对立是很恰当的。但另一方面，如果我们考虑那些用来行善的巫术，考虑上面引用过的"钉咒之板"那种巫术和宗教合作无间，那么它们之间的关系在本质上似乎就并非对立了。事实应是这样的：这种超凡的个人能力，本身并无善恶，而是根据目的的好坏而成为善或成为恶，同样它本身也并无宗教或巫术之别，当需要神灵的服务时便被视作宗教的，否则视为巫术。但除非神灵已经被信仰，否则这种力量不会被视为神灵之助力或神灵的礼物：只有在对神灵的信仰建立之后，力量的拥有者才会被视为从神灵那里得到此力量，或相信自己得到此力量。他的力量很可能也反过来确立并加强了他的信仰；甚至一开始可能是他的力量使他相信神灵，使他意识到自己可以在心中与他们交流。但是对可与之进行内心交流的超自然存在之信仰，与某些人施展于他人的超凡个人力量,并不是一回事。这种信仰和这种力量可能是相连的,但绝非总是相连的;因此这种力量并不能被视为信仰的原因。

　　同样,只有当人们相信世上有神灵的存在、相信他们有意聆听人们在心中的崇拜,社会意见才可能一致谴责拥有力量并用于恶途之人,认为他是共同体之敌,因此也是保护共同体的神灵之敌。换句话说,这种超凡个人能力在宗教出现之前并不被认为是巫术,也就是说巫术在宗教出现之前并不存在。当力量被"神之人"施展,它是宗教性的;当力量被其他人施展,它是巫术性的。巫师经常会使用他的力量伤害共同体的其他成员,因此得罪了作为成员之保护者的神。由此观之,我们可以指出巫术和宗教的关键不同了。另一方面,虽然巫师通常使用其力量伤害别人,他的力量也并非只有这一种用途。他的力量可以用来召回花心的爱人,如上述哈卓米丹板块的女士,或者召回失落的、被盗的财物。[21] 也就是说,巫师可以用力量来做一些无害的,甚至值得称颂的事情。因此,巫术在其生根开花的社会中并非一味地遭到谴责;也因此,我们不仅在前述钉咒之板中,也在蒙昧种族的无数仪式中,还时不时在文明种族的宗教仪典中,发现巫术被宗教巩固了。如果我们只看这一系列的证据,我们或会陷入危险中,贸然将巫术与宗教完全等同。不过,正如我们所见,两者之间的不同处与相似处同样明显;某些人拥有的或被认为拥有的超凡个人力量,不管是否用于服务社群之神灵,本质上都是一样的;然而根据力量应用之不同,其精神却是截然两样。这种力量在衍化的过程中,被视为,或看上去成为或宗教或巫术的力量。但不管以后变成何者,它本身一开始两者都不是。它就是一种力量——不管是"暗示"或实际操控的力量,由某些特殊之人施展于他人。

---

[21] 其中一个"钉咒"之版是用来召回 τὸ ἱμάτιον τὸ πελλόν, τὸ ἔλαβεν ὁ δεῖνα καὶ οὐκ ἀποδίδωτι καὶ ἀρνεῖται καὶ χρῆται(I. G. S. I. 644),另一块则企图找回 τά ὑπ' ἐμοῦ καταλίφθεντα ἱμάτια καὶ ἔνδυμα(Bechtel, 3537)或者 τὴν σπατάλην ἣν ἀπώλεσα ἐν τοῖς κήποις τοῖς Ῥοδοκλεῦς(Bechtel, 3541)。

第五讲
希罗多德与人类学

J. L. 迈尔斯

之前数讲,我们讲到爱琴海文明的开端,讲到了希腊最早的文学,讲到了希腊-罗马文化中不怎么"希腊"的那些野蛮习性之残存。

今天我们来到公元前 5 世纪,关注一个荷马后继者的作品;他继荷马之后,成为另一个指数,可大致衡量其国家之思想和生活。荷马展现的爱琴海生活,是迁徙时代的风暴之间、亚该亚大移民和多利安大移民(Achaean, Dorian)之间短暂的休止。希罗多德展现的则是青春期的希腊,大地与星辰的孩子,像赫拉克勒斯(Heracles)一样,一边与摇篮上的蛇扭打着,一边从摇篮里起来,打败了巨人和怪物,然后进入自己的王国。这个王国的范围跨越了 περίοδος γῆζ *orbis terrarum*(世界的一周)——环绕着"我们的海"地中海周围的那一圈土地。

但是以现在的眼光看,荷马和希罗多德之间有些不同。荷马及其后大多数史诗,唱诵的是一个客观的世界,赞叹着世界的美好。他们对人类学这门科学的贡献,在于呈现了他们眼中、他们生活于其中的那个世界。人类学对他们的贡献,则在于通过与其他世界的比较,对那个世界作出阐释。而希罗多德,一开始使人类学读者振奋的,也是他的作品中大量有关希腊人与邻族之风俗习惯细节;在罗马时期之前的希腊文学中,其跨度和多样性绝无仅有,其质量独一无二。对希罗多德的人类学研究,也同样需要首先解释他描绘的人类图景;用相似的例子做旁证;从庞杂的民间传说中用比较的方法提炼出真实的观察内容;再用其他文献保存下来的材料中的零散知识填补其中空白。就算希罗多德对古代生活的描述比现在保留的更完整,要做好上述一切,尚需要许多节讲座,何况在材料散佚的状态下,评注的功夫要困难百倍。他对某一习俗的描绘、对于明显不相干事物的脚注、对注脚随意再做的注脚,可能都需要专文研究。牛津的听众应该会知道,去年《献给泰勒的人类学论文集》(Anthropological Essays presented to Edward Burnett Tylor) 中的两篇关于希罗多德的论文便是如此。

综上所述,作为我们这种讲座的主题,希罗多德与荷马有许多一致之处;而事实上他的重要性远远非数节讲座所能涵盖。然而,希罗多德的人类学研究还有另外一面,这一面在荷马人类学中基本上看不到,甚至在赫西俄德人类学中也仅是隐约出现。在荷马与希罗多德之间,希腊的"理性"开始生长。荷马之后的希腊文学,不管是诗歌还是散文,都带有主观与反思的一面。人类成为一切的衡量;事物理应被观察、记录,根据它们是否能进一步增进人类的知识,又是否促使或引导人类去将它们分类、解释,它们成为 ἀξιαπήγητα, θέας ἄξια(值得一顾之物),或不值一顾之物。某种意义上一切希腊的思想和记录都是功利性的,为了一个极度人类中心的目的——为了人类的"好生活"或"幸福",不比这更多,也不比这更少。在这个意义上,前苏格拉底与苏格拉底的思想都是一致的,同样具有希腊精神,因为同样功利。泰勒斯(Thales)在"发现石油"时说:"我并不是为了这个而深思。"而正是为了"这个"——使哲学有用,苏格拉底才将哲学从天上拉到人间。

因此我想在这次讲座中,尝试回答一个问题:我们今日所理解的人类学这门学科,在希腊的黄金时代,在多大程度上被认为是可能的?它的基础原则在哪里?希罗多德及其同代人,多大程度上意识到他们对这门科学的认知?而在研究本身之外,有什么因素帮助或阻碍他们的认知?

我想,从一开始就能明显看出,我们想探寻的完全不是希罗多德的这个或那个观察是否正确。我们并不关心希罗多德的错误,除非错误的源头能够使我们得知他在犯错时想的是什么。因为人类学家是分为两种的,一如在任何知识领域中都有两种人,但我们学科处于十分初始的阶段,因此这两种人之间的差异更加明显。

一种人类学家,我们需要事实时便去找他们:那些细致入微的观察者,如同无限细节的储备库;有时他自己是旅行者、探索者,他用机巧的谈话,或更睿智的沉默,打开了那些原始的心灵;有时他是中间人,旅行者所获取之财富的中介商,对新东西孜孜不倦,从不犯错,这是他的本能而不是经验,他发现伪造的钱币,发掘价值连城的珍珠,他是 βιβλιοθήκη τις ἔμψυχος καὶ περιπατοῦν μουσεῖον(一个有生命的图书馆,活动的博物馆)。我们需要事实时便去找这种人。他的观点可能不太重要;他的伟大作品可以随心所欲地套用任何昙花一现的假说。我们学习他的著作,如同我们掌握索引的方法,它或多或少可以保证我们找到想要的资料,但是我们真正想找的是脚注中的文件,以及作者(明说或暗示的)的保证——根据他的判断"这是证据"。

另一种人类学家,我们需要启示的时候便去找他们。他的所学是零散的;他的记忆出错;他的不准确毫无疑问,他的不一致是他身上最一致的东西。但是他使用摇摇欲坠的工具构出了结果;他对循序渐进毫不在意,对等式不屑一顾,他将他的矛盾留给后一代的人展示。他可能不知道,也可能不说理,但是他懂得如何看,他讲述他的所见。因为他也是个 μουσεῖον(博物馆——缪斯所在之处),不过是在另外一种意义上——他是九位灵感女神的活动圣殿(a Walking Tabernacle of the Nine)[1]。

在我们这个时代或之前,有些人类学家几乎可以将两种优秀品质合诸一身——此二者在任何人身上或许也从未完全分开过。在希罗多德这个无意间进入了人类学领域的人身上,我们更加不会假设此二者完全呈

---

[1] 缪斯们是涅莫辛涅(Mnemosyne)的女儿:但谁是她们的父亲?

现,或完全缺失;他在追求另一种技艺的时候创造了一门科学。这个希腊编撰者声称"他的研究计划在于,保证人类行为不被时间掩埋,希腊人或说其他语言之人的伟大行为,不会失去其荣耀",我们不得不说,他有意成为"资料的宝藏",不管他是否成功。但也是同一个希罗多德,在标题页上说自己"要发现人们互相战斗的原因";正是因为如此,我们将他尊为"人类学之父",一如"历史学之父"。

希罗多德要么知道他正开创一门知识的新道路,世界的新视野;要么知道自己的听众也是一群 ἀνθρωπολόγοι（人类学家）。对于否认他的原创性之人来说,只有两个选择。如果希罗多德不是超越了他的时代,那么他的时代便是与他并肩而行的。因此,我们的第一项任务便是寻找证据,看看公元前 5 世纪的人对于我们认为的人类学问题做何看法,他们的思考到了哪一阶。除了悲剧作家们和品达,我们不得不尴尬地承认前苏格拉底思想家中,希罗多德有大量作品保存至今;即使是他的作品,也只是"大量"而非"全部"保存下来。所以即使是怀疑论者,也犹豫不决,不知道应该从沉默和空白处辩驳,还是用希罗多德在这个问题上的过于熟练来否定他的原创性。

那么我们对于希罗多德写作之前,人类学知识所达到的阶段知道些什么呢?

人类学家的任务,主要在于回答以下重要问题:人是什么? 有哪些种类的人? 他们是如何形成,又如何像如今这样分布各地? 人的生活,是如何在父母的监管下前进、由社会机构维持、以有用的技术改良? 而 ἀνάγκη, λόγος, τύχη（需、理、运）等概念,又在定义这些过程、理解人类作为动物之一种的生命时,起到什么作用?

对于非常理性的希腊人来说,这些问题迟早会出现。无疑在公元前 4 世纪时,这些问题已经是十分常见,甚至可以说陈旧了;否则在柏拉图和亚里士多德的作品中它们定会有更大的重要性。我们要问的问题应该是:这些问题出现得有多早? 针对这些问题用了些什么方法解决? 在苏格拉底从他的云端提篮走下来、以灵魂的自省为人的研究之正宗时,希腊人在寻找答案的路上走了多远?

对熟悉希腊对人体的早期探究风潮之人,我不必在此详细重复这一风潮在源流上,与那场大探索运动有多么密切的关系,希腊作坊和定居者散播地中海沿岸,从塔索斯(Tarsus)到塔迪索斯(Tartessus),从塔奈斯河到尼罗河(Tanais to the Nile),一切气候、土地、人种都被带到一览无遗的距离;"世界大巡回"(Circuits of the World)的编撰者调查了"他们的海"的所有海岸;专家根据他们各自的科学原理研究"气、水、地"(容我引用后世著作的标题)。在有限的知识下,米利都学派(Milesian)的编年史家与天文学家——后者不断地回顾巴比伦观星者的记录库——开始制作那些即讲人又讲地理的地图,而同时米利都制图家在绘制"所有海洋与河流"。那么我们是否可以猜测,这个时候,在如此深远而广泛的举国探索之风潮下,人类的起源、分布以及延续模式的问题被提出了?

基本上,我们没有直接证据表明曾经有个爱奥尼亚人类学家存在过。然而在更早的时候,有证据表明似乎有类似的萌动。赫西俄德已经为我们描绘了考古的分层标准:以器物划分,黄金时代、白银时代和青铜时代彼此承接,后启英雄时代——这是一个异数,一半来自荷马、一半来自海上劫掠和米诺斯大崩溃的真实历史——然后是铁器时代。此外,他还观察到原始人住在森林里,不种植食物,靠榛果和山毛榉坚果过活,这些观察似乎指向了巴尔干半岛边缘的人群。同时,这种观察也透露出一种理性的关怀以及发现本质的能力,大大高于陈旧的或野蛮的对人类起源的猜测之平均水平。

我们能够直接得到前苏格拉底人类学的一些片断;这些片断几乎都有着相同的特质——皆属于民间臆想与成熟洞见之结合。同一学派的那些关于非人类的自然之见解也是如此。比如说,[2]他们相信人类并非由

---

[2] Schol. *Od.* xix. 163.

动物性的生殖繁衍而来,而是由树和岩石作用于路过的女人,这种信念几乎和阿伦达人一模一样;而赫西俄德相信,[3] 埃伊纳岛人(Aegina)的祖先是蚂蚁,而人类是由丢卡利翁与皮拉(Deucalion、Pyrrha)扔下的石头变成的,[4] 这与图腾信仰、残留也没什么不同。但是阿纳克西曼德(Anaximander)以及之后的阿基雷乌斯(Archelaus)(他们都是米利都人)的观点,显示出远远超于民间臆想的水平。低等动物通常被认为是自发出现、由太阳的热度作用于湿润的大地、泥沼或海水而产生。阿纳克西曼德[5] 还根据米利都周围的海岸与迈安德河的淤泥中得到的观察,作出描述性的概括——他说这些低等生命的生命周期开始时"被带刺的膜包成一个囊,成熟时便来到更干燥的地方,褪掉壳,但是仍然还能生存一段时间"。我们已看到,更古老的信仰认为人类也是如此——人们或直接以这种方式诞生,或从某种无脊椎动物演变而来,比如埃伊纳岛人从蚂蚁演变而来。但是阿纳克西曼德指出了一个明显的问题,并提供了一种解释。"人类,"他说,[6] "一开始是由另一种不同的动物变来的。"并解释道:"其他动物很快就能自己找食物,而人类则需要长时间的哺育,正因如此,这种生物不可能生存。"这里我们首先应该注意到,"人类这一特殊造物天然存在并已成熟"这种概念,虽然希伯来思想家如此推测,而希腊诗人在潘多拉的故事中也是如此设计,但对爱奥尼亚自然学家而言这个概念是不可想象的,因此根本就没有进入讨论的范围;其次,人类这一特殊造物正处于幼儿时期,这一概念同样被排除,因为人类婴孩长期处于无助状态;第三,也就是剩下的选项被毫不迟疑地选择了:人类一定是从另一种动物演变过来,这种动物不是人类,但它可以并且确实在其"婴儿期"保卫了年轻者。只是由于不知道热带世界的大猩猩,且对外来的猴子也不太熟

---

[3]　*Fr.* 64 (Didot).
[4]　*Fr.* 25 (Didot).
[5]　Plut. *De Plac. Phil.* V. 19 (Ritter and Preller, 7th ed., 16).
[6]　Euseb. *Praep. Ev.* i. 8 (R. P. 16).

悉，阿纳克西曼德才没能准确地把人类放进灵长类进化序列的正确位置上。我们对于阿纳克西曼德的人类学所知的另外一部分更有意思。"很清楚，"他说，[7]"人类一开始诞生为鱼类，并像'泥鱼'（τραφέντας ὥσπερ οἱ πηλαῖοι）一样被哺育。当他们有能力自保时，便上了岸（或说'孵化出来'），来到地上。"我们对"泥鱼"πηλαῖοι 所知有限，但是其他相关的段落让我们多少能理解阿纳克西曼德的理论。"太阳的蒸发作用产生了动物；但是人类由其他动物变成，比如说，一开始是鱼。"很明显这里他的理论是，在进化的某一阶段，人类不再与其他动物类似，即使这动物是海洋中的最高级的；他们以某种鱼类的外表，上了岸。我们无法确定他是在推论某个阶段海洋脊椎动物迈出了关键一步上了干地；还是说"泥鱼"的类比是为了报告某种观察，这种观察对现代的胚胎学专家来说绝不陌生，对公元前5世纪的希波克拉底（Hippocrates）也同样不陌生。[8] 无论怎样，阿纳克西曼德的这些观点在细节上，表现出一种近乎达尔文式的展望动物王国的眼光，也表现出对比较解剖学的了解；这些在文艺复兴之前再也没有重现过。

阿基雷乌斯相同的进化观点也令人印象深刻，他是苏格拉底直接的老师之一。"关于动物，他说一开始大地的底层逐渐变暖，在那里冷热交融，其他的动物出现了。有许多不同的种类，但是生命模式一致，由泥沼维持，他们生命很短。但是之后，他们之间进行了杂交，人类从其他动物中分离，产生出领袖、习俗、艺术、城市等等。他还说，所有动物都具有理性；根据形体的不同，有的使用起来快些，有的慢些。"[9] 我们再次看到一种几乎过于明显的生物学进化理论，和阿纳克西曼德一样阿基雷乌斯也作出了区分：一种是短命的、纤毛虫似的、几乎是无形的生物，活在被阳光温暖的水中或泥土里，另一种是较高级的会思考的脊椎动物，人类不过是

---

[7] Plut. *Symp. Quaest.* viii. 8.4(R.P.16).

[8] Hippocrates, περὶ φύσιοζ παιδίον(ed. Kuhn Leipzig, 1825, p.391).

[9] Hippolytus, *Ref. Haer.* i. 9(R.P.171).

其中一种特别有理性的种类。

综上所述,我们几乎不用特地点明便已知道,希腊的体质人类学并没有被那些文学的错误概念误导。这种概念在现代世界中依然长期阻碍着对人的研究。赫卡泰(Hecataeus)的确在某个时候由于希腊人传承尚短而受到误导,但是他对埃及的研究及时地给予他更广阔的视野,[10]即使他的批评者希罗多德也承认这一点。第一个称埃及为"尼罗河之礼物"的人,不可能不知道这一地理对人类之古老性的问题之意义。无论如何,希罗多德是知道的。[11]艾格露丝河(Achelous)和其他河流显示尼罗河并不是大自然的异数;未来的时间可以延展至两万年,过去的时间也以同样的尺度计算,才足够使尼罗河的礼物逐渐完善,更别说金字塔石灰岩上的贝壳需要的沉积时间。[12]更明显的是,他准备给予人类的发展和散播无限长的时间。多瑙河的昔恭纳伊人(Danubian Sigynnae)是怎么可能被美迪斯(Medes)殖民的?他没有准备说明:但他认为这件事本身并非不可能。γένοιτο δ' ἂν πᾶν ἐν τῷ μακρῷ χρόνῳ[13](只要时间够长,一切皆有可能)。

我们的故事说到此处,必须来看一看埃斯库罗斯(Aeschylus)提供的证据。他的作品传世极少,但价值甚高;这些作品既是当时知识之记录,同时也显示了理论发展之阶段。我们已经知道较后期出现人类三分法理论,基本对应着地理学家的三层陆地架构;而从《解放的普罗米修斯》(*Prometheus Solutus*)的残章中我们得知埃斯库罗斯对于这个三分法理论的某一发展阶段十分熟悉。[14]民族学方面的 ἐσχατιαί(划分)如下:——往北,有外波利亚人(Hyperboreans);[15]往东,有印度人,他们是

---

[10] Herodotus ii. 143.
[11] Herodotus ii. 10—11.
[12] Herodotus ii. 12.
[13] Herodotus v. 9.
[14] Aeschylus, Fr. 177.
[15] Fr. 183.

骑骆驼的游牧民族,住在埃塞俄比亚人附近;[16] 往南则有埃塞俄比亚人(Aethiopians),[17] 还有埃及——尼罗河的礼物,[18] 还有利比亚(Libya)。埃塞俄比亚人的黑皮肤是被太阳晒成这样的。[19] 埃塞俄比亚拥抱一切,从 φοινικόπεδον ἐρυθρᾶζ ἱερὸν χεῦμα θαλάσσηζ (红海那神圣的暗流)到 χαλκοκέραυννον παρ᾽ Ὠκεανῷ λίμναν παντοτρόφον Αἰθιόπων (海上滋养一切的发光的水)——太阳让它的马在那里休息;[20] 从亚洲的南端(印度人住在那里)到西南方的远处。在埃塞俄比亚人前面有利比亚人;在印度人的前面是波斯帝国[因为在波斯(Persae)没有印度人,而巴克特里亚(Bactria)是帝国最远的省份];在外波利亚人的前面,有斯基泰人(Scythians),荷马笔下的阿碧厄人,还有阿里马斯皮人(Abioi, Arimaspi),全都是草原游牧民族。

在人种意义上之"人"的边缘,是亚马逊人(Amazons),他们有时候以无性别的形式出现,有时则憎恨人类:在《祈援人》(Supplices)中他们似乎在北方,[21] 在《普罗米修斯》(Prometheus)中他们的位置比高加索地区更远;[22] 在这个边缘以外,是那些赫西俄德和其他一般叙述中所说的独眼部落、眼睛长在胸部的部落、狗头部落等。

《普罗米修斯》对原始人的简述中,暗示了他们是自发出现的[23],并提到了有用的金属的四层分类。这些都让我们联想起赫西俄德。

但是对埃斯库罗斯来说部落不是由种族划分,而是由文化划分。阿多莎(Atossa)梦中的两个女人,在形体上如同姐妹,她是靠她们的服饰分

---

[16] Suppl. 286.
[17] Fr. 303.
[18] Fr. 290.
[19] P. V. 808.
[20] Fr. 178.
[21] Suppl. 287.
[22] P. V. 723.
[23] Compare μύρμηκεζ in P. V. 453 with Hes. Fr. 64, about the aborigines of Aegina, and with Lucretius v. 790 ff.

辨出她们一个是波斯人，一个是希腊人。[24] 同样，《祈援人》中的国王从服饰中看出外国女人来自达奈伊（Danaid）。[25] 她们可能是亚马逊人，因为她们身边没有男人；但是错！她们不鞠躬。[26] 也不对！她们带着κλάδοι（树枝）——显然是希腊人。[27] μόνον τόδ᾽ Ἑλλὰζ χθὼν συνοίσεται στόχῳ（只有对这一项，希腊人可以信心十足地猜测）。只有当服饰不能决定时，语言才作为辅助；[28] 当达奈伊女人向他保证她们是真正的阿尔戈斯人（Argive），并且与他同宗时，他才对她们的形体和模样提出质疑，[29] 他再次质问她们是利比亚人（这里提到了尼罗河和 Κύπριος χαρακτήρ（塞浦路斯的烙印），讲到埃及和希腊-亚述艺术不同审美类型），还是印度人，还是亚马逊人；也就是说，究竟是南边、东边，或北边的异邦人。

以上这些初步的整理，意在在零碎的材料限制下，回顾一下希腊人类学理论发展。但我想，以上的叙述中已经说明了在希罗多德生活的时期事情发展到什么阶段，并部分说明了迫切的问题有哪些。现在我们来到希罗多德本人，以相似的顺序提炼他作品中的人类学元素，将其放入相应的序列中。

首先，希罗多德第一次给出了判断是否一个种族的理性标准；比起埃斯库罗斯的标准顿时又进了一步，并有一重要的变动。在那著名的篇章中，雅典人拒绝马其顿的亚历山大的提议，在巨大的诱惑前拒绝抛弃希腊，他们陈述保持国家一统的四层联系。他们答道："希腊，血缘一致；语言一致；共同拥有神的居所，并向他们献祭；风俗习惯一致。"[30] 这就是雅

---

[24] Persae, 181 ff.
[25] Suppl. 234 ff.
[26] Suppl. 287—8.
[27] Suppl. 241—3.
[28] Suppl. 244—5.
[29] Suppl. 279 ff.
[30] Viii. 144 αὖτιζ δὲ τὸ Ἑλληνικόν, ἐὸν ὅμαιμόν τε καὶ ὁμόγλωσσον, καὶ θεῶν ἱδρύματά τε κοινὰ καὶ θυσίαι ἤθεά τε ὁμότροπα, τῶν προδότας γενέσθαι Ἀθηναίους οὐκ ἂν εὖ ἔχοι.

典人不可以背叛国家的原因。相同的祖先、相同的语言、相同的宗教、相同的文化:这是使国家成为一个国家的四样东西;相反,它们不一致时,便成为使国家分裂的东西。对于这个分析,现代民族学家几乎没有什么可以添加的了。或许正如佩特里(Flinders Petrie)教授所言,宗教信仰不过是测试人类行为一致性的其中一种较精细的指标;而超越了沉默的物品交换的文化共同体,必然要依托于相通的语言[31]。但是语言和宗教规矩的传播模式,和物质文化传播的模式大大不同,如果硬要将希罗多德的四个要求简化为形体与文化两个,在操作上是不可能的。希罗多德展现了人类学思想层次分明的纲目,事实上他应用了人类学这门科学,几乎不输于我们时代最好的人类学思想。

如果我们说他所列举的这四样要求是按照重要性排序的,应该并不算曲解他的意思。首先,出于科学也出于政治因素,血缘共同体为第一;然后是语言共同体;然后是宗教共同体;最后才是因日常生活的一致性而形成的一般共同体。与此形成对比的是我们之前所说《祈援人》中的询问方法,首先是穿着装备,然后是宗教上的一致,然后是语言,体型特征被排在三者之后。希罗多德这么做并非偶然,我想这可以从希罗多德人类学的一个例子中看出来,四个要求被实际应用到对北方阿尔吉帕人(Argippaei)的描述上,相继的要求都用 δε(否定的意思)来引入,表示对前一句的转折。[32] 此处首先出现的是体质人类学;然后是语言,用来区分这些阿尔吉帕人和"其他所有人",由此与形体要求相对,划下另一种区分;接下来,虽然他们有自己的语言,但是他们不说话你是不会知道的,因为他们穿着是斯基泰式的;但终究他们不可能是斯基泰人,因为没有斯基泰人靠树上的果实生存。他是个草原游牧人,最多是个 ἀροτὴρ ἐπὶ πρήσι

---

[31] *Religion and Conscience in Ancient Egypt*, pp. 18—20.
[32] Herodotus iv. 23 ἄνθρωποι λεγόμενοι εἶναι (I) πάντες φαλακροὶ ἐκ γενετῆς γινόμενοι, καὶ ἔρσενες καὶ θήλεαι ὁμοίως, καὶ σιμοὶ καὶ γένεια ἔχοντες μεγάλα, (2) φωνὴν δὲ ἰδίην ἱέντες, (3) ἐσθῆτι δὲ χρεώμενοι Σκυθικῇ, (4) ζώοντες δὲ ἀπὸ δενδρέων. 在下一句关于 Pontikon 树的描述中,也用了非常相似的一系列转折句。

(受雇用的耕者)。这里 ἤθεα ὁμότροπα(一致的习俗)占据了最后、最低的位置;原因很简单:因为他们的证据互不相符。

希罗多德之人类学对于血缘和语言共同体的这种新的强调是有原因的。波斯战争至少说明了一个事实:内部可互相理解的一支军队之效率,远远超越一支或许在西纳尔(Shinar)——而非克里塔拉(Kritalla)——才相遇集结的军队;波斯战争更加强了一种信念:重要的不是装备也不是语言,而是血统。那些波斯人,能够像现代海务官一样探索标明一条海道,[33]他们那些陌生的药物和"柔滑的亚麻制成的条状物",即我们所说的"外科绷带",使俘虏们大为惊讶;[34]但他们的俘虏皮修斯(Pytheus)也使他们惊讶,他的体格和训练使他扛过了字面意义上的"任人宰割"。

这种强调还有另一层原因。在哈利卡纳苏斯(Halicarnassus)举目可及、仅仅两小时航程的地方,有一座叫哥斯(Cos)的城市,在它的集市中至今屹立着希波克拉底的大梧桐树。在希罗多德的时代,那里生长着前苏格拉底知识的最新最美之花——哥安(Coan)医药学院,它有自己的解剖学、生理学、人类学,其辉煌成就后无来者,直到17世纪。

希波克拉底的职业科学,与希罗多德的初步认知,以及他们的先驱们的研究探索,三者之间有何联系?或许可用他们分别对"有人不长络腮胡"这种现象所作出的研究来说明。

地中海周围的民族,以及欧洲大陆的定居民族,都会认同他们的成年男性脸上毛发确实浓密。希罗多德和他的同代人,当然无法得知这只是特例而非人类共同的本质;他们无法得知黄种人、黑人们都没有这种特征;如果有的话,要么程度轻微,要么是由于直接或间接地被旧世界西北方的白人们污染。要不是澳大利亚人无论在脸上还是身上,都比白人更加毛发浓密,人类学恐怕要承认那广泛的迷信,说是长胡子和更优秀的大脑有关联。但是对于希罗多德以及希腊世界而言,男人的络腮胡是规律,

---

[33] Herodotus vii. 183.
[34] Herodotus vii. 181.

没有络腮胡则是需要解释的反常现象。

从荷马时代以来,甚至更早,近东地区就屡屡被劫,对方骁勇善战,其统治者、保护者不长胡须,精于骑射,他们的弓箭不是人类可以使用的;他们以一种女人一般的狂怒,针对一切长胡子的生物。在高加索地区外部,他们将俘虏吃掉;在陶里斯(Tauris)他们在那些无胡须首领的命令下杀掉所有人;[35] 其中一队人穿越了无主的斯基泰,并被认为是女人;他们的后代是萨尔马特人(Sarmatian),萨尔马特的男人女人一起并肩狩猎、作战。但是他们并不只在黑海一带(trans-Euxine)的草原上活动。在小亚细亚,当普里阿摩(Priam)国王还是个小伙子时,他们占据了高原,正在抵抗色雷瑟-弗里几亚(Thraco-Phrygian)人的入侵。再往东南方一些,他们的另一部分人在公元前7世纪洗劫了整个亚述,在阿斯卡隆(Askalon)他们的无胡须后代依旧生存着。τοῖσι τούτων αἰεὶ ἐκγόνοισι ἐνέσκηψε ὁ θεὸς θήλεαν νοῦσον(他们生来就被神施加了"女性"疾病)。公元前5世纪斯基泰的其中一部分男性也有相同的缺陷。[36] 此处我们看到三个阶段的不同发现:一开始无胡须的人被认为是女性。然后,人们发现在斯基泰和巴勒斯坦的那些人虽然没有胡须(或者没有毛),但是确实是男人。第三,同时又发现了"某一些"骑马的射手其实是女人,比如萨尔马特人,这一发现被用来印证了亚马逊人的传说,纵然他们的后裔萨尔马特人社会中是有两种性别,而且他们讲的是斯基泰语。因此在探究为何有些斯基泰人没有胡须、有些人有胡须时,希罗多德及其先驱们还是犯了错。判别的关键案例是阿斯卡隆,留在那里的斯基泰人显然没有胡子;有胡子的那些人逃过了这个诅咒并且离开了,这种猜测大致被人接受;明显的事实是斯基泰本身有着相似的 ἀνδρόγυνοι(伴侣);在此,希罗多德一如既往坦诚地向读者抛出事实,然后便开始了其他话题。

---

[35] Herodotus iv. 110.
[36] 如果严格按照 Herodotus i. 105 的段落解释,斯基泰(Scythia)的斯基泰人(Scythians)本身有此缺陷,他还用一个故事来说明其中的原因。

现在我们转向希波克拉底。我们立刻进入了爱奥尼亚理性主义的全盛时期。一开始对于这个现象的神学解释就被抛弃。"对我来说,我认为这些病症来自神,一切病症皆来自神;没有哪种更天然,也没有哪种更人为,一切皆来自神。此种事物每一个皆有其生长过程,没有东西是不经生长便存在。"[37]

基础奠定之后,希波克拉底提到四个要点。首先,无胡须等特征,只限于富裕的斯基泰人,至少在这种人当中比较常见。对希波克拉底来说,富裕的意思就是继承了某种显赫地位。希波克拉底确实归咎于他们骑马的习性,而非种族的差异。但从希罗多德的论述中可以看出,显然斯基泰贵族来自近期由塔奈斯河外入侵的纯种游牧民族,他们置换了斯基泰的人种,虽然并非全部。第二,他注意到斯基泰人一般来说在形体方面大大不同于欧洲其他种族;但是他并没有因此提出外来起源的问题。省略的原因在于第三点:考虑到天气和生活方式对于任何居住于斯基泰之人的影响,这种异常,是合情合理的。之后,他的第四点将他带到破解谜题的边缘,虽然没有做更多的研究来达到按照这个逻辑可以达到的结论;他很清楚没有胡须的人可以毫无障碍地生存,他除了谈气候和习惯能影响到这种身体特征之外,也意识到多数斯基泰人天生便无胡须。但这些事实中,前者,他不无专业地推断是由于事前成功的预防;后者,他显然认为是气候等逐渐影响了本来先天正常之人。奇怪的是,他没有用阿斯卡隆无胡须的斯基泰人来测试自己的气候论;阿斯卡隆的气候和斯基泰几乎在每个重要方面都不一样。不管怎样,我们应该可以说,希罗多德在这方面写下的重要论断,和他许多其他的重要论断一样,不管对错,由于某些原因而并没有被公元前4世纪的知识界普遍接受。

---

[37] Hippocrates, περὶ ἱερῆζ νούσου (ed. Kuhn, Leipzig, p.561) ἐμοὶ δὲ καὶ αὐτέω δοκεῖ ταῦτα τὰ πάθεα θεῖα εἶναι καὶ τἆλλα πάντα, καὶ οὐδὲν ἕτερον ἑτέρου θειότερον οὐδὲ ἀνθρωπινώτερον, ἀλλὰ πάντα θεῖα ἕκαστον καὶ ἔχει φύσιν τῶν τοιουτέων, καὶ οὐδὲν ἄνευ φύσιοζ γίγνεται.

不过,希罗多德对形体相似性对判断亲缘的主导地位有些不满。大多数例子中,形体相似性能证明的要么太多、要么太少。他对克尔吉人(Colchians)和埃及人的对比是一个好例子。他用相似的身体特征来证明这两个种族的相近,两者皆是黑皮肤、羊毛卷发。但这个证据证明得太多了:其他种族的人也有黑皮肤、羊毛卷发,却显然不是源于埃及。另一方面它又证明得太少了:他想提出的并非两者起源于同一共同体,而是在历史时期埃及人对此地的直接征服。对他而言更可靠的证据是他心中非洲典型的一项庆典习俗,埃及有,埃塞俄比亚也有;而且,此项风俗含有使人致残的内容,我们现在可以看出它属于那种被希腊人类学家认为随着时间经过能真正改变形体的风俗之一。至于相同的工艺则纯属外部证据,希罗多德引了亚麻纺织为例。这些以及文化、语言上的相似性,对他而言明显都是次要的。

希罗多德显然觉得种族分类对于人类学无甚价值。原因有几个。一方面,希腊人自身认为家庭传统是证明共同先祖的有力证据;事实上,在希腊语的世界中,职业谱系学家几乎在所有观点上领先于人类学家。共同祖先的传统被大众坚信无疑,而且由于牵涉到太多操作上的问题,比如财产的所有权,或政治特权,因此它不可能不是血统的有效证据。也因此,每个人对自身起源的叙述,或任何被接受的故事,都被承认有着较高的等级。这是希腊科学为其血缘组织的团结付出的代价。

举例来说,多瑙河中部的昔恭纳伊人"说他们是美迪斯(Medes)的殖民地。他们是怎么成为殖民地的,我无法肯定地说清楚。不过只要时间够长什么事情都可以发生"[38]。也就是说,希罗多德宁愿给予这几乎不可能完成的大移民无限长的时间,也不愿意放弃人们对自身起源的说法。但是显然这种民族学原则会带来极大的困难。确实昔恭纳伊人穿着"美迪斯式的服装"——大概是某种裤子,或许还戴着有护耳的帽子,这种装

---

[38] Herodotus v. 9.

扮同样适合多瑙河与美迪斯的冬天。但是他们的形貌呢？这里希罗多德没有给出任何细节；但是很清楚，如果谱系和形貌的证据出现分歧，也就是说某个族群声称自己的祖先是另一群形貌不同的人，那么需要解释的是为何他们形貌不同。

还有另一原因，能说明为什么即使地理上几乎不可能，但是共同祖先的传统依旧需要认真对待。整个东地中海地区，由于北部边界十分脆弱，经过数次持续且强烈的民族混乱之后，仍旧处于恢复期。从色雷瑟（Thrac）到克里特，中间有佩拉吉雅人（Pelasgians）的零碎区域；从马其顿到佩洛普（Peloponnese），甚至远至亚卓提克（Adriatic），都有弗里几亚人（Phrygians），连西西里西部（Western Sicily）也有。纳克索斯（Naxos）和阿提卡（Attica）有色雷瑟人（Thracians）；阿斯卡隆有里蒂安人（Lydians）。爱奥尼亚商人就像后来的威尼斯商人；远征的亚该亚人（Achaean）也一样行走四方。塞浦路斯的多利安斯巴达人（Dorian Spartan），在索利（Soli）和克利尼亚（Kerynia）发现库里安（Kurion）已经被更早的阿果人（Argos）侵占了；在塔瑞图（Tarentum）他们只是在亚该亚/荷马的意大利土地上填满了一小块空地。如果在四五百年内这一切都可以发生，$\gamma\acute{\epsilon}\nu o\iota\tau o\ \delta'\ \ddot{\alpha}\nu\ \pi\hat{\alpha}\nu\ \dot{\epsilon}\nu\ \tau\hat{\omega}\ \mu\alpha\kappa\rho\hat{\omega}\ \chi\rho\acute{o}\nu\omega$（只要时间够长，一切皆有可能）。希腊世界之外也是同样。色索契人（Sesostris）所到之处，斯基泰人和奇美里人（Kimmerian）随后而至，在西诺配（Sinope）和阿斯卡隆（Askalon）留下踪迹，如同色索契人在克期斯（Colchis）。尼布甲尼撒（Nebuchadnezzar）在巴比伦的水边安置了犹太人。大流士（Darius）也跟随惯例，把派奥尼人（Paeonians）迁到小亚细亚，把艾瑞田人（Eretrians）移到亚得利卡（Ardericca）。

人们认为种族类型很容易被改变的原因还有一个。希腊人自身以及大多数邻居，都是混血种族，原因我们已经谈到；无疑气候和生活模式确实无情且迅速地淘汰了不适应地中海环境的外来种类。在爱奥尼亚的大多数城邦中，市民们的血统即使靠家庭传承也完全无望厘清了。因为如莫瑞(Murray)教授所言,[39]家庭传承多数在移民时已经断裂了。但是,外部环境对所有人一视同仁;人们发现亲戚老乡中浅色的那些慢慢变少并消失,他们并没有清楚意识到需要解释的并不是他们为何不能生存,而是他们为何出现在这种纬度。在民族学上,其影响就是促使人们相信人类本身是纯种的,如同其他所有的自然种类,单一不可分;而黑人与白人、直发与卷发之间的明显区别,则单纯是气候的选择(如果不是人们自己造成的)。

驱使人们不由自主如此思考的还有另外一层原因。希腊人从米诺斯世界继承的最好的东西之一,就是那些优良的种植物和动物:狗,或者橄榄粒,它们都是支持此观点的证据。[40] 在划分得如此细的区域,地方独有的特产注定在早期生产中便已出现;也注定要在市场上、码头上被比较和讨论。大家都知道,事实上驯养的动物、种植的作物在人类的操作下能够被迅速地、几乎无限地改变,而人类本身正是驯化程度最高的。无怪乎在公元前4世纪苏格拉底以老生常谈的口吻说起人是驯化的动物,可以朝着生理或心理的任何方向随意改造。这么说是因为连心理方面的驯养,也早就是门不甚神秘的技术了——无论是驯马或者驯狗。

可见之人类移民,以及可见之人类及动物之变化,都是不容忽视的证据,可以用来证明天生特质可以改变,而后天特质也可成为遗传。希腊人之所以认定人类多种多样且易于改变,不是由于他们所知太少,而恰恰是由于他们在某些关键点上已经知道了许多。这些观点在多大程度上已成定论?我想我们最好看看希波克拉底的教导,我们可视之为公元前5世纪前苏格拉底思想中的最高标杆。

有一个很好的例子可以说明希波克拉底的教条,这就是他对菲西斯谷(Phasis valley)的人类学研究,这个区域基本上和希罗多德所说的克期斯重合,因此完全可以拿来与希罗多德对克期斯人的描述作比较。事实

---

[39] Murray, *The Rise of the Greek Epic*, p.69.
[40] 埃及,当然在其早期王朝时代也在此方面做了不少贡献。

上有理由相信,无论出于地理理论,还是出于流行的实用想法,亚洲的这一角落吸引着不少希腊自然学家的注意。希波克拉底针对菲西斯及其人民说道:"那个国家多沼泽,多水,温暖,植被茂密,四季皆有豪雨,人们住在沼泽里,他们住在天然长在水中的草木上。他们极少走路去城镇或集市,而是搭乘着挖空的独木舟前往。那里有无数的人造水渠。他们喝的水温暖而静止,被阳光腐化,靠雨水填充。菲西斯河本身就是所有河中最静止的一条,河流十分缓慢。那里生长的果实十分不健康,因为它们精巧过头(他想到的是那些多汁多肉的果实,那些核果——李子、杏子、油桃等,在古代多产于这一地域),又软弱,因为水太多了。因此它们不会完全成熟。由于多水的缘故,国家的周围总是被雾笼罩。正因如此,菲西斯人的体型和其他人不同,他们个子非常高,体格也非常宽,身上看不到任何关节或血管。他们呈黄色,就像患了黄疸病一样。他们的声音是所有人种当中最低沉的,因为那里的大气不清晰,又雾又湿。他们天生不大喜欢用力气。"[41]

我们看到了一份毫无保留的信条:人类的天性是如何轻易地受到气候和地理环境的影响。这一点在他对斯基泰人的描述中已经有迹可循。而旁边的另一段,则又加上了一个理论:即使是完全后天习得的特性,也有可能慢慢成为遗传。这段讲的是"巨颅"人(Macrocephali),不幸并没有提到他们在哪里出没。[42] "一开始,他们脑袋的长度是由他们的习俗造成的;但是现在,他们的生长方式同样巩固了这项习俗。他们认为脑袋越长,品种越优良。"然后他描述了如何在婴儿时期用按摩和绷带等改变脑袋的形状,又说:"一开始这种做法使他们的生长模式变成如此。但是慢慢地,这变成天生的了,因此这项规定就不再是强制的。" ἐν φύσει ἐγένετο, ὥστε τὸν νόμον μηκέτι ἀναγκάζειν(自然而然地发生,因此规定就不再是强制的)。然后他又解释,如同秃头、灰色眼睛或其他的身

---

[41] Hippocrates, περὶ Ἀέρων (ed. Kuhn), p. 551.
[42] Hippocrates, περὶ Ἀέρων (ed. Kuhn), p. 550.

体缺陷都是遗传的一样(他没有区分先天和后天),"他们和以前不一样了:因为由于人们自己的遗弃,这个习俗已经没有效力了"(148)。

我们很快就会看到这个段落以及其提出的理论,和希罗多德论对克期斯的论述之间的关系。显然,如果脑袋的比例可由人工压力加以塑造,又由社会对最成功改造之人——也就是头颅最柔软的人——的选择予以巩固;如果像希波克拉底认为的那样,眼睛的颜色与头发的稀少,都是属于同一种可变性;如果菲西斯人的肤色和身体比例是由气候和日常事务造成的;那么对于希罗多德来说,克期斯人是否是羊毛卷发,便相对来说不那么重要了。羊毛卷发,当然可能和秃头一样是遗传的;但是也可能是后天制造出来的。羊毛卷发的出现,或者像大头一样,是由人们孜孜不倦的努力而造成;或者更微妙地,如理发师所知的那样,由空气中的湿气造成。因此,并不是因为除了埃及人和问题中心的克期斯人以外,还有其他羊毛卷发的族群,希罗多德才不得不借助形体以外的证据来证明他们的身份;是因为在公元前5世纪的人类学中,形体本身不比制造品或风俗的比较得来的结论更有力多少。

以上一切,皆可说明在关于人类进化的问题上,希罗多德以及他的同代思想,展现出恰恰与现代人类学家的先驱们相反的弱点。他的错误,不在于他没有给予进化过程足够的时间,而是在于他准备以无限的时间,容许无限的改变。

我们也能看到,季节和历史的细微改变使希腊人印象深刻。希拉克勒图斯(Heracleitus)的信条 πάντα ῥεῖ καὶ οὐδὲν μένει(一切皆动,万物不驻)可以应用在形而上学;但是它起源于物体科学,是经验的归纳。它有它消极的一面,怀疑与毁灭。但它也有很高的积极价值,因为它把现在作为从过去到未来的过渡;它强调自然和科学的动态、生理的一面,这一面无论在研究还是在生活中,从来没有像这样大大高于静态、形态的一面;它用过程分析代替了根据事物性质的分类。

正是在这一科学理论的时期,出现了 φύσις(质、天性)νόμος(律、俗)

这一对双生词汇;它们的原始含义很简单,一方面表示了自然过程本身,另一方面表达了人类对这种过程的叙述。

我们需牢牢记住这一希腊体质人类学的基本概念,才能接下去进一步看看希罗多德如何处理语言、文化方面的证据,或者将体质的分类用于逻辑及形而上学。先看看后者:如同希波克拉底所言,每一样自然物种的存在,皆应对着自身独特的生长过程。这一观念就算不是自然而然地产生,至少是很容易被理解接受,因为当时普遍概念认为动物世界等由少数基本类型组成,之所以有个体或区域性的无限变种,则是因为外部力量的影响。比如每一只狗,或每一匹马,一方面被视作"狗"或"马"这一种类的具体化身,人们可以用理性察觉并抽离出属于"狗"或"马"的本性;另一方面,它又如同神祇格劳库斯(Glaucus)一般,浑身都是偶然的特质,受到其特定环境的影响。在前苏格拉底时代,φύσις, γένος, εἶδος συμβεβηκὸς(自然,属,种事件)这些来自一群伟大的自然学家的关键词汇元素,变得十分重要。特别是我们可以明白,为什么εἶδος(种)一词,自然学家一直用它来表示συμβεβηκότα(事件)作用于γένος(属)的一个或一些成员而造成的某种特殊结果,在哲学家那里,却逐渐代替了γένος(属)。这是因为兴趣的重心从φύσις(自然)的客观样本,转移到了哲学观察者的主观立场。

同时,对希罗多德来讲,语言与文化,和形体一样,会在环境的张力之下产生变化;也因此有了文化传播的可能性。某种风俗,究竟是那些人天生的?是他们目前居住的环境造就的?还是和其他种类的人交际而产生,不管真实环境是否许可?这些都是需要个别判断的问题。事实上,希罗多德时代的人种推论之所以如此落后,固然是因为观察不完备,但部分原因也在于流行理论造成对此类问题不感兴趣。要等到人们开始相信某些更强大有力的特征可以由文化动力推动,文明的进步这一概念才可能诞生。这时,希罗多德对希腊文明的态度,与对埃及文明与外地文明的态度,便形成了十分强烈的反差。埃及文明如同埃及本身一样,是尼罗河的礼物;当一个印度人骑上骆驼,夺回自己的黄金,他的 φύσις(天性)得到了 τέλος(顺应);人们受自然原因影响而成为黑皮肤,或者很高,或者很长寿。只要这些原因继续存在,就会继续有相同特征的埃及人或埃塞俄比亚人。只有在希腊,人掌握了自然,这并不是因为自然变弱了,而是希腊人足够强大,能够将它征服。

这就是为什么语言与文化的障碍,一如血统的障碍,在定义明确的 γένος(种)及其强大的 φύσις(质)面前,一样的软弱无力。一个 γένος(属)可以增加自己的成员。佩拉吉人和利利吉人(Pelasgians,Lelegians)都可以成为希腊人。我曾在别处详细说过,对希罗多德而言,野蛮人转化成希腊之 φύσις(质)的过程不怎么清晰:他用的动词 μετέβαλόν 和 μετέμαθον(变成),都是不及物动词,给人一种自然而然的印象:最早的阶段 Ἑλληνικόν(希腊)被形容为 ἀποσχισθὲν ἀπὸ τοῦ βαρβάρον(从野蛮人中分化出来),也是使用了同样的说法。另一边,对修昔底德(Thucydides)而言、对见证了阿提卡文化运动(atticism)在希腊的胜利的雅典人而言,"希腊性"由接触、模仿真正希腊人的 φύσις(质)而获取,真是再自然不过了。当然,佩拉吉人之转化的解释不过使问题又倒退了一步;但它比起希罗多德的分析显然有了明显的跃进;这个解释,之所以是进步的,正因为它与希波克拉底等倾向于着眼外部的自然学家,走上了完全不同的方向。修昔底德事实上已经站到了苏格拉底的那边。他并不于形体中寻找文化之可传播性的解释,而是于心灵中——文化的扩散,并不是无情自然造成自动或强制的调整,而是与启蒙心智的接触。

在希罗多德惯于记录的其他人种的各样资料中,有两样是他特别经常记录的:一种是婚姻习俗,一种是食物的主要来源。两者当然都是值得注意的地方,但是在公元前5世纪,收集这两者的资料却有着某种特殊动机;后世的思想脉络中展现了这个动机更成熟的阶段。

在公元前4世纪的希腊,社会中两性地位的问题并不新鲜。自从有了可追溯的社会制度以来,希腊的社会就一直是父系的。但是父系制度在希腊,远比在其他地方,比如意大利,纷争要多得多。不仅是因为阿提卡的继承规则给予母系一种次要但明确的地位;也不仅是因为在斯巴达、底比斯及一些其他城邦,女性在许多方面享有和男性一样的社会平等(其中的原因有各种解释)。爱奥尼亚希腊人只要沿着自己的海岸线往下,来到近处的露琪亚(Lucia),就能看到人们跟随母亲追溯世系,或者将自己民族的起源归根至一个女性,而非一个神。奥林匹亚社会也是如此。宙斯之配偶,与父系家庭中的妻子之地位相差甚远;而在亚细亚海岸,至少神祇本身都能追溯至一位众神之母,而非众神之父。

有不少证据能表明,将女性视为所有物的父系制度是一种较晚的制度,传入亚该亚尔后盛行;同样有不少证据能表明,这一套习俗对普遍的信仰和想法之控制十分松散。希罗多德在其《历史》的开端数章中,谈及一种类似于"东方问题"中的"cherchez-la-femme"(红颜祸水)论,并让他的 Περσέων λόγιοι(波斯学者们)公开抨击这种理论。他的批评对应的正是这一个问题:"人们对伊娥(Io)、美狄亚(Medea)、海伦(Helen)事件造成的巨大纷争的解释,与女性在我们社会中的地位,真的相符合吗?"这种批评已经不仅是波斯的,也不仅是希罗多德的;特洛伊之战是否真的是为海伦而打这个问题,至少斯泰西克鲁斯(Stesichorus)就开始思考了。当逐渐开化的希腊人不再仅仅是相信荷马而是开始对他进行思考时,便立刻想到了这一矛盾——"荷马坚持说一切战事都是因海伦而起,但对我们希腊人而言这种事情可能发生吗?我们的女人不是最不值得为其战斗的吗?如果她们和外国人跑掉了,难道我们不是说一声一路顺风就完事了吗?"斯泰西克鲁斯和其他文人是如何思考这个问题,而希罗多德又选择如何处理他们的结论,是一个三层次的故事。在这里我认为值得一提的,就是每一点都可以证明,希腊人的观念正在向着女人在文明社会中应有的地位蓬勃发展。

公元前7世纪的旅行与移民使希腊人对其他民族之习俗的认识迅速增长,公元前8—公元前7世纪中经济改革则对希腊诸城邦的社会架构带来的严重压力,这两方面最终导致人们对父系制度的自然性产生合理怀疑。并不只是自然学家们,我们在抒情诗中有线索,在戏剧中也有明白的讨论。"人与其父的关系更密切?还是其母?"在埃斯库罗斯的作品中,正是在这一点上,俄瑞斯忒斯(Orestes)的命运最终被转变。埃斯库罗斯的阿波罗,虽然他是 Λητοίδηζ(女神丽托之子),但还是站在天使的这一边;但他的理据对希波克拉底而言都已经陈旧了,它符合的完全是父系的法规。欧里庇得斯(Euripides)的安德洛玛克(Andromache)与美狄亚标志着情况已经开始颠倒,即便在戏剧里;而随着阿里斯托芬(Aristophanes)的女性主义剧本,我们已经准备迎接柏拉图的《理想国》了。它在这个议题上,是根植于前苏格拉底信念而开出的花,这种信念认为社会组织与其他组织一样,本质上都是对自然手段及目的的适用。

希罗多德并没有对这项争议袖手旁观。他所提到的诸多奇怪的婚俗,不大可能每一样都是广泛传播的习俗之典型;而把他们排列起来,几乎形成一个完整系列,从分类关系与不固定配对,到普通父系一夫一妻制。

希罗多德当然不是在书写人类婚姻史,或者女权史;他谈到这些事,只不过因为这是正在争论的议题;但是当他书写这些内容时,我想我们可以看到他的贡献并非可有可无,他并不是在他的《历史》中塞进诸种随意记录的事情,当他离题时,他是在使用一些或许不是最新、但经得住考验的材料,填补知识的空白,而这些材料,部分是由他对当时热门的问题的兴趣所引出的。

社会组织的问题,以及如何提供井然的秩序,对希罗多德而言是个纯科学的问题;但是对于一些他的同时代人而言并非如此。特别是阿基雷乌斯,最后一个、或许也是最进步的一个自然学家,他时常将物理方法运用到政治及道德上:καὶ γὰρ περὶ νόμων πεφιλοσόφηκε καὶ καλῶν καὶ δικαίων(他探求规律、美善与公正)。[43] 第欧根尼(Diogenes)对他的论述中,有两点经常被放在一起:一是他从米利都来,受教于阿那克萨戈拉(Anaxagoras),但是却未能将老师的物理学推进一步;[44] 二是流传为苏格拉底学说的许多重点,都是苏格拉底从他那里学来的。但这两个陈述是相互关联的。一个爱奥尼亚物理学家,继承"论说各种习俗的好处与正当性"的传统,很自然地是《云》和《回忆苏格拉底》(Clouds/ Memorabilia)中描绘的苏格拉底之先驱,苏格拉底早期的兴趣在于 τὰ μετέωρα(天空之上)(他的敌人从不会忘记这一点),他习以为常地将人当成一种动物,可以与其他"理性动物"如马、狗来比附。后世的兴趣集中于苏格拉底后期的道德思想上,或许不恰当地遮蔽了他早期未成熟思想中的这些部分。

另一名言也同样被归功(或归咎)于阿基雷乌斯,此名言充分体现了米利都人看待人类的方式:"正义与不义,"他说,"存在于习俗中,而非自然中。"这里希罗多德的做法再次给予我们提示。他不断地重复述说远方的人群是"人类中最正义的",或者他们有着种种值得赞颂或唾弃的"习俗";即使在最文明的人群中,"习俗就是国王"。

这里或许不适合长篇大论讨论希罗多德对于 νόμος(律)的用法,及其与 φύσις(质)之间的关系。但是我们必须指出,希罗多德的 νόμος 用法多变,细节不一,而这些不同用法皆继承此前典型的爱奥尼亚语境,这一个词用来指那些人当中"发生的事情"以及事情发生的环境。这当然是这个词比较直接且十分原初的词义;它与拉丁语 pasture 的本义直接关联,在 pasture 中畜群可以随意游荡不受伤害,但一旦离开,就会迷途遇险,甚至消失。因此 νόμος 与罗马人的 provincia 概念有着相等的力量,不过 provincia 事先"限定"了疆界以及适当的规范,而 νόμος 只是"描述"。因此虽然 νόμος 一词与我们的"规则"遥相呼应,但它只有我们所谓的"自然规则"的含义,描述着某种类型的事件的实际经过。

---

[43] Diogenes Laertius ii. 16 (R. P. 169).
[44] Simpl. *in. Arist. Phys.* fol. 6 (R. P. 170).

在此意义上，显然 νόμος（律）与 φύσις（质）之间并不存在明显对立。比如一棵橡树的生长过程，它的 φύσις，就是长出某些枝条、某些树叶、某些果实，这同时也是橡树的 νόμος，它的正常行为。人类也是如此。一个埃及人的正常行为是教导儿子做买卖，在一个外部观察者眼中，这是他的 νόμος 之一；但这同时也是他以及他的祖祖辈辈的 φύσις，以至于无法想象一个不如此做的埃及人。我们已经讲过希波克拉底的论述：一开始是 νόμος，逐渐融入 φύσις 中并将其改变。

对于野蛮人的家庭结构的观察，以及对他们的"自然性"或"非自然性"的推测，造成的结果是什么呢？当我们看看苏格拉底就会知道答案。公元前 4 世纪，苏格拉底自己作为"前苏格拉底"思想家的最后一位，在《理想国》中提出了父系社会无用又不便，因此是非自然的；而在《法律篇》当中每篇每篇，甚至每句每句地论证这个观点。在雅典政治中，父系传统理论上已经在一个世纪前神奇地由革命性的克里斯提尼（Cleisthenes）所破除；但社会上，父亲仍旧拥有并统治着孩子，孩子对父亲及城邦有着分裂的效忠。《理想国》中的苏格拉底并不是从人类学的角度去论证，他的例子是马和狗，而非萨尔马特人（Sarmatians）；但是在"理想国"的实际制度中——比如年度的交配仪式，比如政府检查之后给予每个新生儿身份（κομψοὶ κλῆροι）、比如两性关系的整个分类系统，全都能在那些一个世纪前的人类学家记录下来的 νόμοι 中找到；而与这些记录相随的明显意图，是探究背后的原因、探究遵循并理解那些习俗的人自己是如何解释的。

而为了反对这些猜测，特别是为了反对苏格拉底将亚马逊人和那萨摩尼人（Nasamonians）作为教育这一代人的榜样，亚里士多德不得不在《政治学》的第一部分重树了父系希腊的正统社会学。在公元前 4 世纪中期，一个严肃的人可以秉持 φύσει ἀρχικὸς πατὴρ υἱῶν（父令子从乃是天性）的论调而不至于立即遭到教室里的其他成员驳斥，这标志着苏格拉底的跟随者（虽然如我们所见，并非苏格拉底本身）已经与公元前 5 世纪的自然学家们分道扬镳,甚至不再阅读他们的作品。但这也标志着一个雄辩家可以用 φύσις 和 νόμος 之类的词玩文字游戏,似乎每一个有任何 νόμος 可言的人,代表着一个从 φύσει ἄνθρωπος(自然人)而来的 παρέκβασις(变种)。任何"既有"(a priori)的论据——人类男性的力量、或智力、或他们本身的优越性,都不能抹杀某处由女性统治、某处女性在打仗,某处是女性在干活而非男性这些事实;也无法否认努力收集这些人类制度也是 συνηγμέναι πολιτειαι《制度总览》的编撰者们的工作的一部分,在他们做出概论之前;更抽象地说,他们是要分辨出 τὸ παράδοξον(非正统)与 τὸ παρὰ φύσιν(非自然)。

除了家庭组织的问题之外,还有维持生计的问题。有些人单纯靠树上的果实过活;有些人吃谷物、或牛奶、或猴子、或他们年长的亲人。证据又一次分为两类。有些习俗中,进食看起来是习俗的遵循者或发起者所设计的一种仪式行为,为了达到某种有用的目的:这些习俗通常属于我们划为共感巫术的类型。另外一些关于食物的习俗,我们看来只有经济因素价值,或者说根本没有任何特殊的价值。现在的人类学——特别是法国人类学,以及我们的经济环境,使我们清楚认识到人们获得每日面包的方式对社会结构有着深远影响,更别说到底如何能吃到东西这一更基本的问题(可能除非他根本吃不到)。对于这一问题,《政治学》的第一本代表了希腊思想的后期阶段,里面将人类所知的主要的 βίος(人类生存模式)分类,并暗示(虽然没有明确探讨这一问题)"耕种其游居地的"草原游牧民族、矿工、航海商人都有自己的一套习俗与制度,来追求不同的"好生活"。思想史以及时间上再稍微推远一些,在《理想国》中,早期的苏格拉底在对地理喋喋不休、对阿基雷乌斯的"发明"推进一步时,简短地讲过这个问题。后期的苏格拉底带着学生们匆匆地跳过这个探寻的区域,进入了对社会结构的讨论,这是他的缺失,也是他的智慧之处;而门徒将论述都归功于老师,从不提起阿基雷乌斯及其作品。但是阿基雷乌斯这个米利都人的学问从物理学开始,接着开始钻研我们现在所谓的"生物规则对人类的适用性",他不可能对其同时代的政治思想没有影响;让我们再次回到希罗多德,来看看阿基雷乌斯的时代及之前,这个问题在多大程度上被希腊人所探究。

很久以前,北方的游牧民族完全不同的生活模式,已经对荷马的想象力极有启发;纯粹的草原生存模式,与一种极其规整的生活行为习惯之间,依稀有某种联系。柯哀里鲁斯(Choerilus)在他的作品残篇中将这两者明确联系在一起,那些看过他的作品的人认为他与希罗多德关系紧密;[45]而相同的思想在埃斯库罗斯那本人类学知识宝库《解放的普罗米修斯》中两次重现。[46] 在后面一段中,坚持说噶比人(Gabii)被描绘为吃生麦子的人,是对词义不恰当的诠释,特别是希腊的理论在其他地方都一致认为小麦和橄榄、葡萄一样,都是作为 $\eta\mu\epsilon\rho o\nu\ \phi\acute{\upsilon}\sigma\epsilon\iota$(驯服的自然)被赐予人类的。埃斯库罗斯想要描述的显然是黑海周围那些未开垦的土地,那里春天的植被可与任何亚该亚麦地相媲美。

这个例子足以显示公元前 5 世纪的人已经意识到环境、经济和制度之间互为依托。到了苏格拉底这一代人,我们之前提到过的希波克拉底的论文"论气、水、地"——如我们所见,整个观念在于不仅是社会组织,人类的形体本身都是由气候和经济条件所造成的"后天变化"。

---

[45] Choerilus 是这种理论的唯一早期权威,Hdt. iii. 115 批评他说 Eridanus 应该在 Germany。Serv. ad Virg. *G.* i. 482 "Thesias(Ctesias) hunc (Eridanum) in Media esse, Choerilus in Germania, in quo flumine Edion (Phaethon) extinctus est." Fr. 13 (Didot). Choerilus fr. 3 (Didot):
  μηλονόμοι δὲ Σάκαι, γενοῆ Σκύθαι, αὐτὰρ ἔναιον
  Ἀσίδα πυροφόρον, νομάδων γε μὲν ἦσαν ἄποικοι
  ἀνθρώπων νομίμων.

[46] 残章 189 ἀλλ' ἱππάκης βρωτῆρες εὔνομοι Σκύθαι。
  残章 184:
  ἔπειτα δ'ἥξει δῆμον ἐνδικώτατον
  ... ἁπάντων καὶ φιλοξενώτατον
  Γαβίονζ, ἵν' οὔτ' ἄροτρον οὔτε γατόμοζ
  τέμνει δίκελλ' ἄρουραν, ἀλλ' αὐτόσποροι
  γύαι φέρουσι βίοτον ἄφθονον βρότοιζ.

我之前稍有提到为何希罗多德要对陌生民族的特殊食物特别留意。在公元前 5 世纪,"不同种类的觅食方式导致行为与机制的不同"的观点,并不如比起"食物直接影响个人特质"的观念那么深入人心。对于大多数野蛮人来说这当然是基础知识,这也是希波克拉底的医理中明确的信条;这个观念对那些伟大宗教的词汇和仪式有着至深的影响,在现在的人类思想中也从未消失,一些睿智的人仍然相信民族能借由提升饮食质量来达到道德进步。记住这一点,我们就不会讶异为何希罗多德如此花费时间精力去描绘李子蛋糕、樱桃酒、啤酒的做法;人类并不只吃面包,但是一旦你确定某个人吃面包,而不是猴子或虱子,那么你对于他的习惯与价值,便已经知道不少了。

很可能由于当时的人惯于将食物供给与这种巫术式的解释联系在一起,希腊的观察者,如希罗多德与希波克拉底,都没能更进一步将觅食视作一般经济环境的指数。不幸,下一个尝试分析这个领域的作品,一样也是被同样的暧昧色彩所笼罩。《理想国》[47]对 $\dot{\alpha}\nu\alpha\gamma\kappa\alpha\iota o\tau\dot{\alpha}\tau\eta$ $\pi\acute{o}\lambda\iota\varsigma$(最低限度之城市)的描绘中,公民们全都是素食,而且几乎只吃谷物,这绝非巧合。当格劳孔(Glaucon)询问肉食都去了哪里,苏格拉底故意曲解了他的问题,再一次列出了盐、奶酪和植物调味料——包括橄榄、球状根、野生药草,又加上了无花果、扁豆、豆子、桃金娘果、森林坚果。格劳孔对此餐单的评价直接而轻蔑:"苏格拉底,如果你在计划一座群猪之城,那么你最好将这些草料给他们!"当被问及他的选择时,他清楚地说出了文明人的惯例食物,以及"现在人们惯用的肉类"。与此完全一致,[48] $\check{o}\psi\alpha$(烹调食品)再次出现,还有那些桌子、椅子、软膏,象征着腐朽的城邦;猎人与厨子出现在奢侈的官员中;最末尾是养猪人,因为在牲畜中,只有猪既不产奶也不产奶酪,只能用作肉食。

这里有三个方向的理论传统纠缠在一起。首先,我们知道希腊人普

---

[47] Plato, *Rep.* 370—2.
[48] Plato, *Rep.* 373.

遍相信人一开始住在森林里,食用安纳托利亚(Anatolian)地区特产的榛子与橡子,后来人们才从上天那里得到了关于麦子、酒、油等知识——这样看来,苏格拉底是在建议回到原始的饮食。第二,如果希望独立生存并且不进行侵犯,他所建议的饮食是唯一的可能。不过,第三,这种饮食也正是公元前 4 世纪医生为 τρυφῶντι καὶ φλεγμαίνοντι(虚弱、发炎)的病人所开的治疗方案。但是在三条线中有足够的共同主旨;苏格拉底的学生中即使是与人类学最无关的,也能指出苏格拉底的起点,是公元前 5 世纪物理学家对人以及人在世界上的位置的理解。[49]

我用希罗多德一个著名的故事结尾。这个故事里,真实的历史被重新整理,背后的根据显然是 βιοι(人类生存模式)明确的分类,以及关于他们之间相对价值、经济互动的明确理论。希罗多德讲述[50]裴西斯特拉托斯(Peisistratus)的夺权故事,他的事业第一阶段里,主题为三种截然不同的 βιοι:地上之人、海洋之人、山上之人。形式上希罗多德是依照地理来划分,但是他所使用的句子 τῷ λόγω τῶν ὑπερακρίων προστάς(高地人的保护者),说明他在讨论的地域是指大范围区域,并非小地区;而区分区域的标准,在于它是否处于麦地的生长线之上。春天,从阿提卡的卫城(Acropolis)往下看,会发现宝石绿色突然变成紫色与棕色,那里是 πεδίον 平原与麦地的尽头,而另一边出现了 ὑπεράκρια(高地)的山羊。我曾经在太杰图山(Taygetus)的底部,沿着同一条经济边界,看到一条警察巡逻踏出的小路,他们试图保持 στάσις(平衡)避免 πόλεμος(冲突),但并非每次都成功。顺便一提,此处,λόγος τῶν ὑπερακρίων(高地人之事)是否仅仅指阿提卡的草原高地民族,也就是说裴西斯特拉托斯的组织党派是否如尤尔(Ure)先生所说包含了劳瑞恩(Laureion)地区的挖矿者的利

---

[49] 更明显、更详细的例子,当为苏格拉底的 *laws* 当中隐含的对外国风俗的比较研究。公元前 5 世纪的那些例子,萨尔马特人(804E)、亚马逊人(806A)、色雷瑟人(805D),等等,都在里面,和斯巴达人、克里特人、波斯人、埃及人、腓尼基人(750C)一起。但是公元前 4 世纪思想的人类基础是另一个独立的课题,需要另起一章讨论。

[50] Hdt. i. 59.

益这一问题,[51]与现在摆在我们面前的问题完全是两回事,我们只想知道,对哈利卡纳苏斯人希罗多德而言,这个词究竟意味着什么。传统上认为希罗多德以经济区分阿提卡人群,这种看法得到巴尔干平原的那不变的状态的支持——在那里,瓦拉赫人(Vlachs)的高地荒野中,分布着耕种者的一块块麦地。

这种情况下,不管裴西斯特拉托斯的真实身份如何,他被描绘成当地**最落后**的一群人的领导者,这是符合整体脉络的。希罗多德所表现出来的他,从头到尾充满了矛盾。他的父亲在他出生之前,接受了自动煮沸之锅的征兆,儿子将会在没有光,但有许多燃料的情况下燃起大火。裴西斯特拉托斯不像西比尔(Sibyl),他每次被拒绝之后都向雅典人提供更多的东西;被拒绝的领导人成了雅典娜的人、统一的阿提卡的主人;而雅典娜的人,再次遭到了雅典娜的人民的驱逐,他不能休息,直到他能凭自己的本事带来雅典鼎盛时期的每一块界石。此处,我们再次见到富人与穷人、原始与进步、定居与游牧之间的平衡——只要阿提卡还能实行游牧制度;而且如同帕迪卡斯(Perdiccas)和大卫(David)的例子所示,伟人总是从 λεπτὰ τῶν προβάτων(卑微的羊群)中产生。诚然,这幅公元前6世纪阿提卡图画是微小的,在希罗多德的戏剧中扮演了一个谦卑的角色;但是希罗多德处理的手法十分突出,他用到了冲突的 νόμοι(律俗)之观念来重塑并解释材料。

以上的略述,显示了如何利用我们对希腊世界的零碎知识,来一窥公元前5世纪及之前,人们用什么方法(至少是大致的方向)研究人类的早期历史、人类之间的差异,以及社会地位不同的原因;我们并解释了一些当时的人们所得到的答案,参考那些引导至这些答案的理由和想法,以及这些答案在古代的解释原则。我们可以看到,在某些方面希腊的人类学已经走得十分远,无论是推测和实际观察,都进步得使人吃惊;我们也可

---

[51] P. Ure, *Journ. Hell. Studies*, xxvi. pp. 134 ff.

以看到,在另一些方面希腊人类学又被我们眼中十分琐碎的谜团和错误所笼罩。在某个特定的例子中——当这个研究者既是伟大的历史学家又是人类学事实的警醒观察者,我们可以看到前苏格拉底理论的不同阶段是如何被运用于研究。我最希望提的建议最希望其他人继续前进之处,在于探究苏格拉底政治理论的人类学基础;并将他思想中的这一面与大量自然学家的工作相关联,我乐意相信对此传统他是希望有所建树而非破坏的。

第六讲
净 化 仪 式

W. W. 弗勒

这一节讲座要讲的,是古意大利宗教发展中较晚的一个元素。我们通常将拉丁语的"lustratio"大略译为"净化","lustrare"译为"使其净化";但是在拉丁文献中,这一词汇意指某一种特殊的净化,它带有另一层含义——这一含义,是一种缓慢、有序、渐进的移动过程。这种庄严渐进的移动,具有极强烈的古罗马特征,具有意大利的罗马教堂那种宏大与严整,它被 lustrare 这个词永远地铭刻在拉丁语中。我仅举一个美丽的例子。当埃涅阿斯第一次看到狄多(Aeneas,Dido)时,他向她致意道:

> 只要河流进入大海,只要云影在山尖上缓慢飘移,
> 只要天空还养育着星星,
> 您的荣耀,名字,赞美,将与我同在,
> 无论我被召往何方。
> In freta dum fluvii current, *dum montibus umbrae*
> *Lustrabunt convexa*, polus dum sidera pascet,
> Semper honos nomenque tuum laudesque manebunt,

第六讲 净化仪式

Quae me cumque vocant terrae.[1]

"只要云影在山尖上缓慢飘移。"很久以前,我在威尔士钓鱼的时候,曾看到过这种云影飘移的景象,从那以后,它在我脑海里就与那些我需要研究的古老意大利的游行仪式联系在一起。这便是大自然诗人的神奇力量。

不过,我们在深入探讨此游行仪式的性质及含义之前,必须先往前回溯,把握意大利"净化"的原始观念。观念是仪式生长的土壤。这些仪式在历史时期的农田与城市中才开始出现,它们产生于最早期那些相对安定且文明的意大利农业群体中,并在高度组织的城市中发展至巅峰。但是追根溯源,关于造就了这些仪式的观念,尚有许多值得一说之处。

拉丁语中有另外一些词汇含有净化的意思,我认为那些词汇比 lustrare 和 lustratio 更加古老,它们应该属于"前万物有灵论"时期。这个时期中,所谓"净化",驱除的并不是邪恶精灵的影响,而是一种神秘的不洁状态。这些词汇是:februum, februare, februatio,我们的净化之月"二月"(February)就是由此而来。Februum 是一种物品,具有巫术的净化力量,后来的罗马人称之为 piamen,或者 purgamen(Ovid, Fast, ii. 19 foll.),后一个词汇属于发展完全的国家及其祭司仪式。在罗马,一些特殊场合上会使用到数件此类物品,一律统称 februum,包括水、火、硫磺、月桂、羊毛、松枝、用"神圣"材料制成的糕点,在陆佩卡利亚节(Lupercalia)的时候还有条状人皮。这些物品隶属巫术范畴,与咒语、护身符的关系密切,在意大利一直广受欢迎。它们与以下物品在心理上来说,皆属同一类别:孩子的"布拉"护身符(bulla);祭司之尖(apex of the flamines)——戴在头上或

---

[1] *Aen.* i. 607 foll. 并参考 *Aen.* iii. 429—
Praestat Trinacrii metas lustrare Pachyni
Cessantem, longos et circumflectere cursus
宁愿悠悠地围着帕吉尼
长长地绕行西西里
此处诗人脑中的 lustratio 是一种缓慢的运动和环绕的过程。

头饰上的尖树枝；格雷如斯帽(galerus)——朱庇特之祭司(Flamen Dialis)的帽子,用献给朱庇特做祭品的白人之皮肤为材料制成。这些宗教思想比我们要研究的游行仪式更古老；在那个时期,巫术占据统治地位,而宗教乃是例外。

我不愿在此陷入宗教与巫术的关系这一冗长问题,这两个词向来含义多变,十分容易误导。先把这两个词抛在一边,我想说的是：februum 和 februare 的时代,物质污染可以用巫术手段消除,比如尸体或血液的污染——即所谓的"禁忌"；而 lustrare 和 lustrario 的时代,则需要驱逐恶灵、隔绝不怀好意的精灵之影响,而手段则是献祭与祈祷,加上游行仪式。然而,要在罗马历史中清楚地将巫术时代与宗教时代划分,是不大可能的一件事,因为巫术无处不在,且理应无处不在。在一个可称为宗教的时代中,那些仪式通常也都汲取了巫术、半巫术的元素。巫术以一种难以准确定义的两栖状况存在。比如"朱庇特之祭司",职责上来说,他是一个高度组织的宗教系统中的负责人；同时他身上又有着无数的禁忌——《金枝》的读者应该十分熟悉——对于真正的宗教而言,这些禁忌属于久远以前的过去。新生儿在 dies lustricus(净化之日)中的净化仪式是家庭宗教的重要部分,我认为 lusricus(净化)一词本身便是宗教时期的一个标志；但是这个仪式的原始含义或许能从前万物有灵论时期的观念中找到。同样,家庭在丧葬之后的净化仪式也有一样的起源,对尸体的恐惧在一切原始民族中都非常普遍,在历史时期的宗教仪式中依然清晰可见。[2] 我们接下来会看到,人一旦流了血,便需要净化,即使流的是敌人的血。这种信仰在我们接下来要探讨的 lustratio 仪式中,悄然成为其中一个组成部分。

但是,如同法奈尔(Dr. Farnell)对我们条顿祖先的评价一样,总体来说,净化仪式在罗马人的意识中并不占据很重的地位。我们可以说,历史

---

[2] Marquardt, *Staatsverwaltung*, iii. p.175. Cp. Serv. *Aen.* iii. 67, and Virg. *Aen.* Vi. 229.

时期的罗马人，在祭师的法律和仪式的安抚作用下，个人的良知得到了有效的救赎；在以国家为整体的宗教行动中，这些法律和仪式帮助个人对抗物质或精神上的邪恶力量，使他从禁忌的束缚中解放出来。[3] 或许我们可以猜测，即使远在国家还没有兴起的早期，拉丁人也从来未曾十分关心过流血或其他不幸、不当行为的净化。其他所有原始民族的意识中血之不洁或血之神圣，在罗马人的观念、神话，或文学中都看不到明显踪迹；它们确实存在，但是并不像在希腊那样引起我们的注意。我相信原因在于罗马人的法律天分，也在于他们对国家及官员权威的独特观念。也可能是因为拉提姆地区（Latium）曾经被更高等文化的种族侵略，他们对这些原住民粗糙的物质观念没什么好说的；但是这一切都还只是推测，我在此无法深入探讨。不管原因如何，我们所见到的罗马宗教中，不见任何恐惧、害怕，只要能根据国家祭司群的规则，准确且正确地执行对神祇的崇拜，便万事大吉。在个人的意念中，没有罪恶、污染的观念，没有不可饶恕的犯禁；一切都是明朗的、严肃的、规律的、整齐的、仪式性的，最好的例子就是罗马人那些公共或私人的净化游行仪式。

不过首先我们要讲一讲"lustratio"一词的原意。"Lustrare"是"luere"的更强烈的形式；而瓦洛（Varro）说"luere"与"solver"是同义词（De Ling. Lat. Vi. 11）："每个五年叫做一个 lustrum，从动词 luere 而来，luere 等于 solver——缴清，因为每五年向检察官缴清一次税及自愿的贡赋。"（Lustrum nominatum tempus quinquennale a luendo, id est solvendo; quod quinto quoque anno vectigalia et ultro tributa per censores persolvebantur.）塞尔维乌斯（Servius）跟随他以同样的原则解释"paean commissa luere, peccata luere, supplicium luere"（"赔"礼、"赎"罪、"解"诉）[4] 有人或许会因此

---

[3] 在"女神"（Dea Dia）的小树林中，铁是禁忌的，但是阿瓦勒兄弟会（Fratres Arvales）有一种"皮阿库拉"（piacula）系统，让他们在有需要的时候可以使用铁来修剪或做其他事情——Henzen, Acta Fratr. Arv. 22。

[4] Serv. Aen. i. 136, x. 32, xi. 842。

认为"lustrare"的根源含义是尽一项义务，然后摆脱它；也就是说进行一项宗教仪式，作为对神的义务。但是这样就和瓦洛用交税来类比"luere"一样，完全错误。我们还没有到达罗马思想中可以讲宗教义务的阶段。在拉丁农村或城市的早期，需要"摆脱"的并不是钱财或仪式上的义务，而是那些无处不在的精灵。它们在被驯服之前总是不怀好意，在万物有灵的时代，它们困扰着人们的生活。但瓦洛等人也给予我们一些线索；他们看到这个词当中隐含着自我净化、摆脱某些东西的意思，但是他们的理解基于文明国度中人与人的关系，而非原始人的思维。

现在可以假定"lustrare"原本含有使自己摆脱某种东西的意思，接着我们要来看看"lustratio"最古老的形式。至于词源问题：露厄斯（lues）——一种害虫，与神秘的神祇"母神露阿"（Lua Mater）——农业之神萨图努（Saturnus）古老意义上的"伴侣"，两者是否属于同一词群、是否能用同一原则解释，在这里我不会探讨。

为何驱逐不友好的精灵之必要，变成了"lustratio"一词所代表的庄严游行仪式？为了理清这个问题，我们必须重视一个事实——意大利最早的定居者，只要拥有一点农业知识，便会发现这个地方满是森林覆盖的山丘，河谷地区都是沼泽，不宜耕种，因此早期定居点都是在树林中清理出来的。这一事实，罗马人自己依稀有意识到，且被如今的考古证据所证明。那么，首先要做的是清理出一块地，这是最危险的工作——谁知道砍树或掘土的时候，会不会惊扰或激怒一些不知名的精灵呢？这些精灵可能是树或者植物，也可能是以树木、土地、岩石、溪流为家的动物。在后期罗马仪式中我们还能看到这种古老危机感的痕迹。卡图（Cato）为我们留下了历史时期一位农夫在清理新土地时使用的词句；献祭的同时，祈祷这样开头："Si dues, si dea"（如果有神灵、女神），因为他不知道他所入侵的树林中，那些精灵叫什么名字、是什么性别。掘开土壤的时候，他必须进行献祭作为补偿；而古老的组织阿瓦勒兄弟会（Fratres Arvales），他们的小树林中，任何树枝被砍下，或任何树木受到伤害，都需要奉上特别的献祭"皮阿库拉"(piacula)。

接下来,当清理完成后,你定居下来,安置好家庭精灵,比如炉火精灵,或者储物柜精灵(Vesta and Penates);或者使某些当地精灵成为你的朋友或助手,特别是土地精灵和泉水精灵。但是还有另一重大难题——如何避免住在周围树林中的那些野生精灵入侵你的地盘、骚扰你的住所。瓦洛作品中有一个有趣的民间故事,能够证明这些精灵真的如此烦人。圣奥古斯丁(St. Augustine)在阅读瓦洛著作的时候,将其当成异教徒的不可理喻记录了下来,因此我们现在能读到(*Civ. Dei*, vi.9)。孩子出生之后,要召唤三个精灵:砍多纳、碾努斯和扫维拉(Intercidona, Pilumnus, Deverra),来防止西瓦努(Silvanus)(后期他成了森林中各种精灵的代表)天黑时进入房子恶作剧。这三个精灵,如他们的名字所示,表现了定居的农业生活:砍伐、修剪树木(砍多纳),每日碾碎麦子作食物(碾努斯),用耙子或扫帚扫集谷物(扫维拉);瓦洛说三个精灵的样子是三个男人,分别在模仿斧头、碾子和扫帚的动作。我认为这一可爱的哑剧从未被正确理解,正是因为没有人真正弄明白,对早期定居者而言,清理地上仁慈的精灵和野外林中邪恶的精灵之间的重大分别。

但是上述只不过是特殊时日的特殊手段,更持久的困难在于如何将你的耕作地与森林,以及森林里危险的精灵群体划分开来,使它们不再成为困扰。必须在好精灵与坏精灵、白精灵与黑精灵之间画一条明确的线。这里我们能看到了一项做法的起源,它在罗马的整个历史中延续、在教会的仪式中传承、在牛津的升天日抽打教区边界的行为中依然可见。耕种地的边界由物体标志,可能是间隔排列的石头,如古老的罗马种植地(pomerium)中的"石辟"(cippi),从周围的森林中捡回来;人们于每年固定时间,绕行这条边界线进行 lustratio,以使其神圣。通常是在五月,这时候谷物逐渐成熟,特别容易受到周围敌人的攻击。这一过程由献祭与祷告组成。现在我必须花一些时间,根据卡图的记载描述这一游行仪式;不过我在这里得先插一句:这一仪式的神奇影响仅限于可耕种的土地及其作物。[5] 冬天,人们将牛羊隔绝于界限之内;4月来到,则驱往界限外的草场,届时它们由另外的方法保护,因为它们将面临精灵或其他敌人的更大威胁。如果你想知道如何做,可以去阅读奥维德的《岁时记》(Fasti)第四本中对帕里利亚祭(Fastia)的描述,以及弗雷泽在《民族学与社会学评论》[6]上发表的十分有启发的论文《圣乔治与帕里利亚祭》(St. George and the Parilia)。

卡图对农业的论述是对一位真实或虚构的郡长的指引;而我们从中得到了公元前2世纪的"lustratio"的形式。这种形式显然在细节上更适合这一时期,而非原始的拉提姆地区农场。比如说,有一些词表明那时并不需要绕行整个界限;这与后来的"罗马之地"(ager Romanus)的"lustratio"是一致的。这种形式与土地的大量增长相符。但是公元前2世纪的"lustratio"最主要的两大特征,与其最早形式无疑是一模一样——第一,游行的队伍中包括牺牲:牛、羊,以及猪,农夫最宝贵的财产,还有献祭者及其助手,此处也就是郡长及其助手;第二,在向亚努斯与朱庇特(Janus, Jupiter)奠酒祭祀之后,祈祷父神玛尔斯(Mars pater)仁慈地保佑农场里的整个家族(familia),每一种谷物,以及界限内的畜群。虽然没有明说,但我们毫不怀疑最原初的游行必然是沿着边界线,目的在于强化记忆,并保护其中一切免受外部邪恶精灵的伤害。在卡图的语句中,农夫想要"挡开"的有疾病、灾难、饥荒、贫瘠。"挡开"是公元前2世纪的用语;受到召唤的是父神玛尔斯,一个很久以前从一群不具人格的精灵中升华的伟大神灵;但是无疑更原始的农夫使用的是另一种语言,他们会直接向疾病、饥荒之精灵致意,其中一个这样的精灵留存到了历史时期——霉之精灵

---

[5] 这是我自己根据卡图的第83和141章所做的推论。当牛群在森林里时,有一条特殊的祈祷词作用于它们,见83章。我想拉丁语的"田地"(Ager)一词不大可能包含森林,畜群夏季在森林里觅食,五月份进行"田地净化"(lustratio agri)的时候,它们已经离开了冬季的草场。卡图所写的这个 lustratio 的祷告词句中(141),确实包括了牧人与畜群(pastores, pecua);但是它们并非祈求保佑的最明显对象;而我倾向于认为,提到它们只是因为它们属于农场,虽然暂时不在其神圣的境内。

[6] Dr. Frazer, *Revue des Études Ethnographiques et Sociologiques* 1908, p. 1 foll.

罗比古斯(Robigus)。阿瓦勒兄弟会的仪式可能保留了一些比卡图的指引更古老的仪式细节；在这里，恳请的主要对象是一个无名的神祇——"女神"(Dea Dia)(Acta Fratr. Arv.，.48)。

在此我们或许应该问：在一块地的周围绕巡，而牺牲在队伍的尾部，这样做的原始意象是什么？到底传达了怎样的意义？这种绕行，在所有国家都可看到，有的有牺牲有的没有；对我们所有人来说，可能最熟悉的例子是绕行耶利哥(Jericho)墙七次(神秘的数字)来摧毁其抵御能力。回到罗马自身的民间传说中，我认为当中有一个例子能显示这个过程原本的性质。收集了许多民间传说的普林尼(Pliny)告诉我们，如果有个女人，在特定状况下，光着脚，披散着头发，在一块地周围走动，那么这块地将完全不受害虫侵扰。[7] 绕着谷物行走的做法，是一种咒术，用来隔离开有害的东西——在历史时期是活生生的害虫，而在农业的黎明时期，按照我的想法，则是有害的精灵。此咒术依赖女性特定的状况，弗雷泽在《金枝》中有大量的说明(iii，ed. 2，p. 232 foll.)，而且他也引用了普林尼的这一段落，以及其他罗马作家对农业的谈论。即将受刑的牺牲身上，一定也有类似的能量；他们在吉兆的预示下，根据规则被挑选出来(如果我们可以用城市仪式回过头论证农场仪式)。因此他们是神圣的，他们的血将在圆圈的某一点流出。此处，我们走出了巫术的区域，但是仍旧在宗教阶段的早期，此时巫术思想依然处于祭典的底部，虽然很快就会让位于更进步更理性的思想。

用边界线驱逐邪恶的精灵、发明恰当的语句保护边界线及内部一切……这样的宗教过程，必然是漫长的岁月的产物。但是一旦发明出来，其原则便可应用于所有的土地或人类的其他财产，也可以用在人自己身上。现在让我们看看一些由农场的简易做法延伸发展出来的例子。

拉丁人早期的农田与家宅聚集在一起，形成叫做"帕格"(pagi)的村

---

[7] Plin. *N. H.* xvii, 266, xxviii. 78.

落组织;这些组织与农场一样,受到"lustratio"这一过程的保护。因此虽然没有直接证据,但我们应能确定"帕格净化"(lustratio pagi)具有游行仪式的特性。奥维德在"帕格纳利亚之日"(Paganalia)(1月24—26日)的条目下,描写了 lustratio,他写道:

> 帕格做祭日:农人穿过帕格,
> 并献上一年一度的祭品。
> Pagus agat festum: pagum lustrate, coloni,
> Et date paganis annua liba focis.

但他并没有说明他使用的 lustrare 一词,是否表示一种包括猪羊牛祭(suovetaurilia)的游行仪式。我们也不确定在第一部《农事诗》(338 foll.)的美丽篇章中,"首先进行朝圣"(In primis venerare deos),是否意指一次"帕格净化"(lustratio pagi),虽然魏索瓦(Wissowa)似乎暗示了如此。[8]

> 让祭品绕着谷物行走三圈,
> 所有成员愉悦地跟在后面,
> 并召唤谷神西里斯降临家中……
> Terque novas circum felix eat hostia fruges,
> Omnis quam chorus et socii comitentur ovantes
> Et Cererem clamore vocent in tecta...

以上数行描绘了这种"lustratio"的迷人图景,但我们没法判断他指的到底是农场还是帕格。接下来我们来到早期城市,那里我们会发现同样的原则和过程,以一种最引人注目的方式运用着。

一如有必要从家里隔开邪恶精灵,同样也有必要从城市及其土地隔开这些精灵。意大利城市的城墙都是神圣的,墙外叫做"种植地"的空间也是神圣的,历史时期的城市奠基仪式说明了这一点。瓦洛、塞尔维乌斯

---

[8] *Relig. u. Kultus*, p. 130.

和普鲁塔克(Plutarch)都描述过这种仪式,[9]它和许多其他罗马仪式一样,被认为是源于伊特鲁斯坎(Etruscan),但现在普遍意见认为它是一种古老的意大利仪式。一头白色的公牛和一头白色的母牛被套上犁具,犁具的一部分必须由青铜制成,并(选一个吉日)在未来城墙的所在处划下一个长方形的犁沟,土被翻到里面,标明城墙的线条,而犁沟表示着未来的种植地。当来到计划中城门的所在,便提起犁具,在过了门之后才继续犁地。这样做的意思是:城墙是神圣的,但门是世俗的;因为如同普鲁塔克所说,如果城门是神圣的,那么不神圣的东西进出城门时就会感到不安。这一宗教过程的作用是将邪恶、陌生的精灵拒于城墙外(有鉴于我们已经进入了更高级文明的阶段,我们或许可以说:陌生的神灵);内部只居住着属于这个地方的神灵,以及其居民(indigetes),他们结为一体,受到保护。在它里面,也只在其界限之内,才能进行城市的占卜仪式(auspicia)。

我们自然而然地会设想这一神圣的城墙及界限,会由每年一度的 lustratio 保证其神圣、有效,如同农场及帕吉一样;没错,事实便是如此。我们知道,在罗马,有一种净化仪式叫做"安部比乌木"(Amburbium),可能于净化之月(二月)的月头进行;但是不幸我们只知道它的名字。同一个月稍后,我们知道有一种神奇的仪式叫做"陆佩卡利"(Lupercalia)(15日),其中与种植地相关处在于:"陆佩奇"(Luperci)——一位充当祭司的年轻人,绕着帕拉丁聚落(Palatine settlement)的古老边界,一边跑,一边用祭品的皮抽打任何接近的女性,女性身上带着同一块皮上割下来的皮条。这么做是为了丰产。但是这真的是一种城市净化仪式(lustratio urbis)吗?我在《罗马节庆》(*Roman Festivals*)一书中认为是的(p. 319),原因是瓦洛在提及这个仪式的时候使用了 lustrare 一词。但是现在我倾向于认为瓦洛是在泛指的意义上使用这个词,而非当成专用术语;而这个仪式的目的,也不同于我们前面讨论过的那些,它并不是为了把邪恶的精灵从城市

---

[9] Varro, *L. L.* v. 143; Serv. *Aen.* v. 755 (from Cato); Plut. *Romulus* x.

整体隔开。它似乎是一些非常原始的巫术/宗教观念的遗留,在此我不会详谈。而显然真正的 lustratio 的首要特征在此处是看不到的;这里没有崇拜者和牺牲者缓慢庄严的前进,只有几乎全裸的年轻人在狂奔,明显是一种神灵附体的景象。

所幸我们可以从另一来源得知城市的真正 lustratio 是怎样的。更幸运地是这是一份资料性的文件,不过是来自一座翁布里亚(Umbrian)城市而非拉丁城市。古比欧(Gubbio)城,以前叫做伊古比乌姆(Iguvium)城,这里依然保留了祭司的指示,这份指示来自更古老的文本,大概成文于公元前的最后一个世纪。这些指示是有关于城市堡垒(Arx,ocris Fisia)的 lustratio,由一个叫做阿提耶迪兄弟会(Fratres Attiedii)的祭司团体负责进行。[10] 在这里,祭司们已经将整个祭典发展成为一系列极度精确复杂的仪式性行为,但是 lustratio 的主要特征依然十分突出。游行队伍庄严地环绕着堡垒,当中也有牺牲,与拉丁 lustratio 相同;在每个门前队伍停下来,以堡垒、城市、全体伊古比乌姆人民的名义进行献祭和祷告。一共有三个门,它们是献祭及祷告的真正场景,因为它们是城墙上的弱点,如我们前面所说,它们需要每年由宗教手段来加以巩固,但这些手段不同于那些使城墙永久坚固的仪式。无疑,阿提耶迪兄弟会无法像我一样如此解释;这些精细繁复的仪式出现时,对于神圣境界外的敌意精灵世界之意识,已经从意大利人的头脑中消失了。祷告词的用语与今天祈求神灵庇佑共同体的教会用语几乎一样。人们祈祷城市之神保佑城市的名字、长官、仪式、民众、牲畜、土地和谷物——清单中只有"名字"一项能表明这是前基督教时期。观念和神灵都发展成一套甚为复杂的宗教系统,但是实际上的程序、游行和城门处的祷告,依然提示我们这一套仪式的原型。

我说过,人们可以作为一个整体,与土地及城市一起进入净化过程。我们从伊古比乌姆回到罗马之前,我还要说一件事,在伊古比乌姆文件

---

[10] Bücheler, *Umbrica*, p.42 foll.

中,也包含了人的"lustratio"指引。翁布里亚文献中的资料显示,民众划分成数个军事单位,聚集到某地,围绕着他们进行三次游行;每个圈结束的时候,有献祭和祈祷(前者并没有明显地提到常见的猪羊牛祭),玛尔斯及其两位女性配偶,或者说其力量的两位代理人,被召唤来摧毁、阻吓城市的一些敌人;使用的语言使我想起战争时期的祷告(幸好现在已经不用了),我记得孩童时代克里米亚战争期间经常读到——"结束他们的骄傲、消灭他们的罪行、摧毁他们的阴谋"。然后开始祈求对伊古比乌姆人的祝福保佑。这使我们很容易就回到了罗马那边。哈利卡纳苏斯的迪欧尼修斯(Dionysius of Halicarnassus)(iv. 22)谈到在"玛尔斯之地"(Campus Martius)进行的人口普查和净化仪式,人们驱逐着猪牛羊绕行聚集的军队三圈,带着献给玛尔斯的祭品。无疑这是人口普查的早期形式,具有军事方面的起源和意味。

军队(社区中的武装男性成员)净化仪式的解释,与城市净化仪式不大一样,但同样能使我们联想起灵魂论时期,以及同一类的观念。这些军队很可能会前进到敌人的所在地,远离"罗马之地"的范围。他们会遇到陌生的精灵,罗马人(或者是伊古比乌姆人)与它们并没有和平关系,也完全不知道它们有何怪诞习性。因此必须以特殊的器具和仪式来预防邪灵影响。弗雷泽在《金枝》i. 304 foll 中收集了一些例子,有野蛮部落的,也有希腊的。由于我们关注的只是罗马,因此一观罗马史家笔下一个相仿的例子便已足够。弗雷泽并没有提到这个例子。李维(Livy)告诉我们,马其顿的做法是:春天战事开始之前,整个军队行进至一只狗的碎尸当中(xl. 6. nit.)。与意大利的做法相比,方法不同,原则一致,目的皆在使整个军队无一例外地受到牺牲的神圣影响。只不过在马其顿是牺牲切开的两部分,而在意大利是活生生的牺牲绕行军队,之后再献祭。我们可以肯定地说,这两队罗马军队皆被净化了(*Dict. Ant.*, vol. ii. 102);事实上"lustratio"一词逐渐变成检阅军队的意思,而失去了宗教含义:至少我们习惯于"西塞罗检阅他的基利家(Cilicia)军队"(exercitum lustravi

(*Att.* v.20.2)这种用法。连舰队也需要相同的过程:李维 xxix.27 写道,西比乌(Scipio)在驶往非洲之前,向海中诸神祷告;其祷告词使我们联想起伊古比乌姆人的净化仪式中所用的祷告词。

同样在春天战事开始之前,军队的一切用具——战马、武器,还有号角,也皆需"净化"。我们有这些事实:最古老的宗教历法中,2 月底有一节日曰"埃奎利亚"(Equirria),其后,在 3 月 14 日还有另一同名节日。这个名称在后期已经丧失它的原意,但是日期与地点皆强烈暗示它的意义。(地点为"玛尔斯之地",如果这里被水淹没了,便移至凯利安(Caelian)山。)节日的细节已经不可查,不过我想其中一定包括了赛马。3 月 14 日的仪式可能与 10 月 15 日的另一奇特的仪式有关。战争季节过后,10 月 15 日那天,在"玛尔斯之地"有一场两马战车的比赛,赢得比赛的战车,其后马要献给玛尔斯作祭品,而在屠宰之后有一场特殊的仪式。我们很容易将这个仪式,与征战之后回归的战马之"lustratio"仪式联系起来,但是,这里还是不能看到真正"lustratio"的细节。魏索瓦认为,这个仪式原本可能意在洗净血带给军队之污染(cf. *G. B.* i. 332 foll.);献祭之马的血,可以滴在王家(Regia)的神圣火炉上,而且可能用来制作某种神圣的糕点"咸糕"(mola salsa),这种糕点具有很强的净化作用。但是我们需要注意,这个仪式并不包含在古老宗教历法的节庆中:我们是从他处得知这一仪式的。我在此处冒昧提出一个猜测:此仪式可能属于最早期的宗教法礼专家不愿意承认的那种仪式类型,他们总是努力使人们的崇拜尽可能纯洁有序。[11]

从古老历法中,我们能清楚地看到,军队的武器与号角在军事行动之前与之后,都会进行净化。3 月 19 日,叫做"五日节"(Quinquatrus),因为这是月中之后的第五日,这一天"安琪莉盾"(ancilia)——玛尔斯之战争祭司们的盾,将进行净化;我们似乎可以合理地猜测这些代表了将士们所有的武器。在 10 月 19 日有"武器净戈节"(Armilustrium),它的名字说明

---

[11] 人群分成两部分争抢马头的举动也很可能使他们十分看不惯。

了它的性质。这一天武器与盾牌(Arma, ancilia)都进行净化,为此,首祭司"萨利"(Salii)将绕行带着武器的军队;而地点同样叫做"净戈"(Armilustrium),在"大竞技场"(Circus maximus)附近(Varro, *L. L.* 6.22; cf. 5.153)。还有,3 月 23 日在日历上叫做"净号节"(Tubilustrium);虽然前人一般认为号角(tubae)是指神圣祭典(in sacris)中使用的号角,但是我认同魏索瓦的说法,其中也必然包含军队的号角。[12]

最后,我们可能以为军队在战事结束后,净化了血之污秽,如同希伯来战士及俘虏在战斗后,需要净化才能在进入驻地(Num. xxi. 19)。我刚才提出十月战马的献祭原本有相同的意义。但是在罗马的教会法中,血之污秽这一概念几不可见,如同荷马诗歌中也是如此(Farnell, *Evolution*, p. 133);我所能找到的将血之污秽与军队联系在一起的唯一线索,是《节庆》中的一句话:打了胜仗之后,士兵跟随着将军的车,带着月桂花环,"净化人类鲜血的污秽,进入城市"(ut quasi purgati a caede humana intrarent urbem)(*Fest.* 117)。月桂对污秽有着强大的净化效用。

我已经简述了一些意大利,特别是罗马的典型净化,剩下的工作只是再概略地重复一次我想要说的。我们从意大利以及其他原始族群的一些普遍的净化观念说起,这些观念在罗马人的不少公共及私人仪式中留下了线索;但是我们没看到任何强大的推动力,能使他们发展为罗马人的宗教或道德中的重要部分。然后,我们进入到文明开端的意大利半岛,人们都坚信山林是精灵的世界,这种信仰驱使早期的拉丁农夫在自耕地与外部森林之间划出清晰的界限,他与他的家族、他的守护精灵或守护神,在界限内部可以平安生活。他还通过年度仪式使这条界限能够隔绝外部敌意的精灵,而仪式进程包括了牺牲的绕行。之后,我们看到这种做法保留在国家仪式中,并于各个方面使用——城市的奠基、城市的土地、城墙、民众(能参战的男性)及其战马、武器、号角。

---

[12] *Relig. u. Kultus*, p. 131。同一天应还有对力量女神——涅里奥(fortis dea—Nerio)的献祭,她在某种意义上也属于玛尔斯的配偶(Ovid, *Fasti* iii. 849)。

结束之前,我必须问一个问题:使人印象深刻的"lustratio"仪式,究竟有没有在罗马人的宗教或道德中留下重要的影响?无疑,仪式的根源——保护城市及其居民免受敌意精灵或陌生神灵的侵扰这一观念,在统治阶层、受教育程度高的阶层中很早就已经消失了。就我所知,只有一处我们能够察觉这一观念的踪迹——祭司们坚持不在种植地的神圣圈子内承认任何新的神灵;新的神灵可以进入罗马神祇的团体,然而它们必须安顿在界限之外的神庙中。但早在第二次布匿战争(Punic War)时这个规则就已经开始松动,公元前205年,连弗里几亚人(Phrygians)那块神石"伟大母亲"(Magna Mater)都能带进种植地,安顿在城市中心的帕拉丁山(Palatine)上。从那以后,不管拉丁人民的这种无知行为之前叫做什么,旧有的观念显然完全从国家与宗教的执掌人脑海中消失了。

那么,这些观念是否有一些转换成为宗教信仰,帮助国家或个人面对无常生命中的变幻与机遇?答案绝对是否定的。他们从新的外来宗教中寻找一切所需的精神助力。他们自己的庄严仪式仅仅成为景观。在基督教之前的意大利,"lustratio"从未带有任何道德含义,不像希腊的净化观念至少还带有一些。[13] 原因很简单:在很早的阶段,国家的力量就笼罩了个人,国家宗教使一切个人宗教良知枯萎于萌芽。即使是朱庇特崇拜——我们最有可能找到道德思想的地方,西塞罗也只是说:"我们并不祈求朱庇特使我们更好,我们只向他祈求物质利益。"[14]

然而,纵然毫无意义,这种庄严的游行仪式保留了下来,整个帝国时期,爱国的罗马人都可以充满骄傲地观看这种仪式。然后是罗马教会,以其惯有的精巧,将此仪式融入了自己的仪式系统中,赋予它新的含义;天主教神父依然在祈祷节那一个星期(Rogation week)带领人们绕行野地,进行"大祈祷"仪式(Litania major),像我们牛津在升天日一样抽打边界,同时还要为谷物、畜群祈祷,并请求至高之神息怒。

---

[13] Farnell, *Evolution of Religion*, p. 136.
[14] *De Nat. Deorum*, ii. 36. 82.